人生を浄化する

パワーストーンと隕石の真実

クリスタルセラピスト　マユリ

BAB JAPAN

【パワーストーンと隕石】

パワーストーンの持つ波動を用いて体や心の不調を調整するのが鉱物療法です。水晶は地球の地殻で採れる石で、ケイ素を主成分とします。隕石とは、宇宙由来の物質で、どちらも強力な浄化作用を有します。

地球に落ちる隕石

ヒマラヤエレスチャル

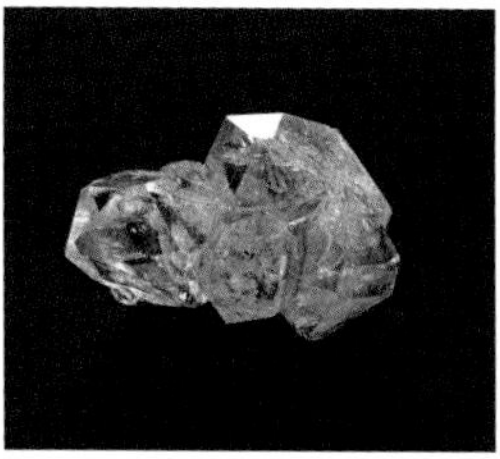

ハーキマー水晶

さまざまな隕石

【チャクラの色に対応したパワーストーン】

パワーストーンの波動で各チャクラを整え、パワーアップします。

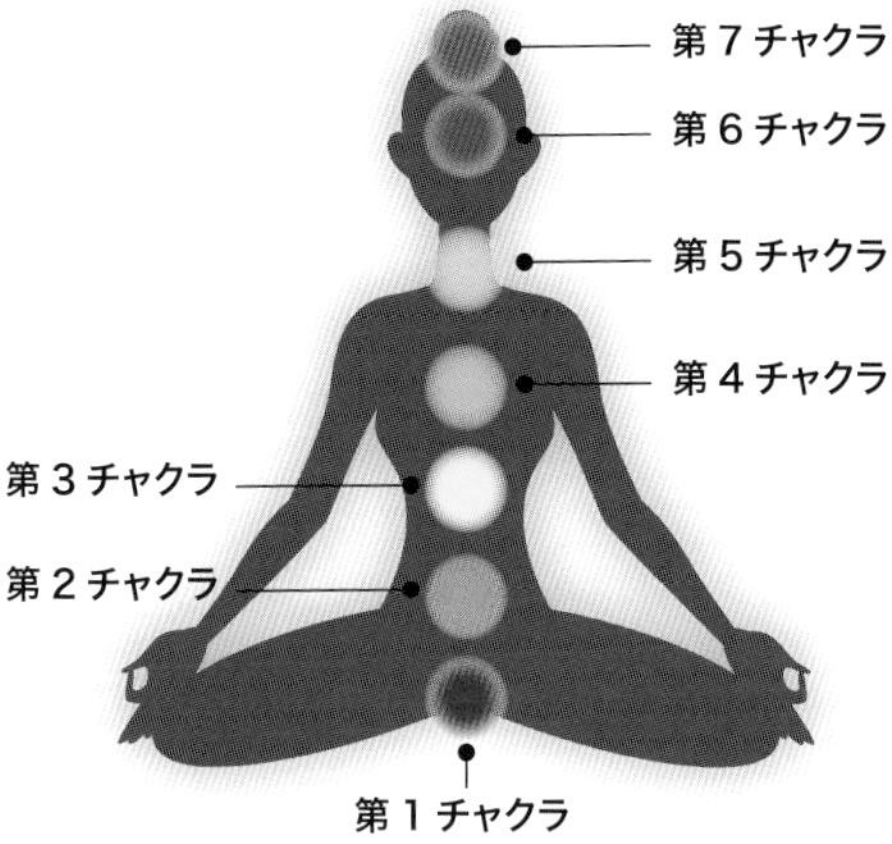

第1チャクラのパワーストーン　（赤・黒）

トルマリン・ガーネット・ヘマタイト・レッドジャスパーなど

第2チャクラのパワーストーン　（オレンジ）

カーネリアン・赤メノウなど

第3チャクラのパワーストーン　（イエロー）

シトリン・ルチルクォーツなど

第4チャクラのパワーストーン　（緑・ピンク）

エメラルド・翡翠・アベンチュリン・ローズクォーツなど

第5チャクラのパワーストーン　（青）

アクアマリン・ラリマー・ブルートパーズなど

第6チャクラのパワーストーン　（紺色）

ラピスラズリ・サファイアなど

第7チャクラのパワーストーン　（紫）

アメジスト・クンツァイトなど

【浄化系の石（水晶、アメジスト）】

パワーストーンは大きく分けて、チャクラを活性化する石と、オーラを浄化する石の二つの系統があります。水晶とアメジストは、浄化系の石です。

アメジスト

水晶

【隕石】

隕石には、鉄とニッケルを主成分とする鉄隕石・岩石隕石・鉄岩石隕石・落下時の爆発で形成されたとされるテクタイト類などがあります（詳しくは第6章）。

リビアングラス

2600万年前、サハラ砂漠に落ちた隕石の大爆発によってできたガラス質の隕石。

モルダバイト

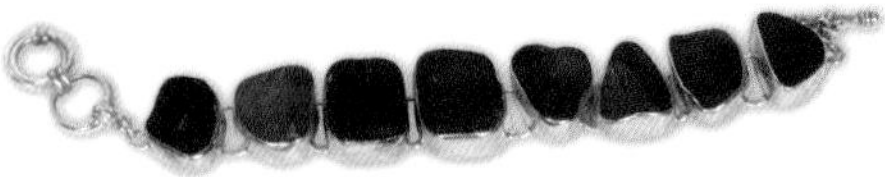

チェコのモルダウ川近辺でとれる隕石。1450万年前に起きた小惑星の衝突でできたと考えられている。

ゲベルカミル

2009年にエジプトで発見された鉄隕石。

ギベオン

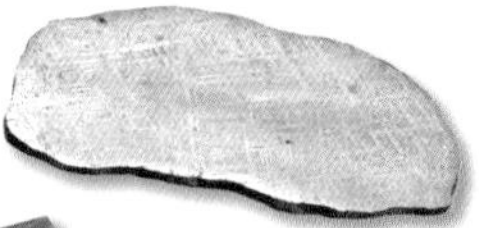

アフリカ・ナミビアで採取される鉄隕石。1836年イギリス人によって、同国で槍に加工されていたものが隕石であることが確認された。

ムオニオナルスタ

スウェーデンの北極圏で採取される鉄隕石。1906年に発見された。

はじめに

パワーストーンの本当の効果

こんにちは、マユリです。

マユリは20年にわたり、クリスタルヒーリング、ペンジュラム・ダウジング、サイキックリーディングの講座を行ってきました。著書『速習！　ペンジュラム』をお読みいただいた方もいらっしゃるかもしれません。

私の原点はまさに石、つまりパワーストーンなのです。

「パワーストーンの効果って、何だと思いますか？」

「金銭運？　恋愛運？　厄払い？」

いえいえ、ここでお話ししているのは、**鉱物療法としてのパワーストーン**です。これは一種の波動療法で、オーラを浄化したり、チャクラを整えたりすることができます。

「チャクラやオーラが整うとどうなるのですか？」

イライラや気持ちの落ち込みが解消したり、片頭痛や肩こりなどの不定愁訴が改善したりします。けん怠感が消えて体が軽くなります。要するに、心や体に作用して、パワーアップしてくれるのです。

漢方やハーブは植物を口にして人を癒やしますが、パワーストーンは石の波動で人を癒やします。パワーストーンを正しく扱い、効果を引き出すには、人と石の波動がわかることが必須です。石の波動は人それぞれ。Ａさんに効果的な石が、Ｂさんにも効くわけではありません。パワーストーンの効果を引き出すには、その人に合った石を選ばないといけないのです。

実体験、実感から得た石の「真実」

「チャクラが整うとどうなるのですか？　もう少し詳しく教えてください」

各チャクラには、精神的、肉体的な機能があります。たとえば、第3チャクラは自我と関係しており、人間関係にとってたいへん重要なところです。このチャクラが弱いと、周囲に対して服従的で、過剰だと支配的になります。そう、第3チャクラは他人との距離の取り方に影響するのです。

人間関係でうまくいかない場合、実はチャクラに原因があることがあります。そんな場合、パワーストーンでチャクラを調整すると、自然とコミュニケーションがうまくいくようになって、人間関係が改善するのです。

パワーストーンは健康面でも効果があります。胃腸の働きが低下しているとき、第三チャクラを活性化するパワーストーンを持つと、胃腸の働きが向上します。パワーストーンが健康にも効果があることはあまり知られていませんが、整体や鍼灸などの代替医療で行うような一通りの効果はパワーストーンでも起きるのです。

「でも、効果なんて実感したことないんですけど……」

パワーストーンの素晴らしい効果を引き出すには、波動がわかるだけではなく、チャクラや石についての知識も必要です。効果を出すためには、正しい知識に基づいて理論的に行うことが必要なのです。

この本では、チャクラについても、日常の生活に即して、具体的に解説しています。抽象的な知識ではなく、自分自身の日常と連関して理解することが大事なのです。

この本では、本で読んだり、人から習ったりしたことは書いていません。マユリ自身がクリスタルセラピーのセッションや、パワーストーンを処方して、繰り返し実感したことのみをお伝えしています。

というのも、本で読んだことが現場で体験してみると「事実と違う」と思うことがしばしばあったからです。

たとえば、「石がなくなるのは、役目が終わったから」といわれていますが、実際には必要な石ほどなくなります。

本格的なパワーストーンブレスと隕石

この本には、20年間培ってきたクリスタルヒーラーとしての、経験と知識が詰まっています。クリスタルセラピーもパワーストーンブレスも理論は同じです。この本では、チャクラのエネルギーを上げたり、オーラを浄化したり、除霊もできる本格的なパワーストーンブレスが作れるように、お話ししていきます。

ちゃんとした理論に基づいて作れば「パワーストーンってこんなに現実的な効果があるんだ！」って実感されることうけあいです。

「ところで隕石って……隕石もパワーストーンなんですか？」

自分自身の20年の経験の中で、隕石の驚くべき効能について実感したのです。まさに、現場での治験を重ねて会得していったといいましょうか……。本当に驚くべきことばかりでした。隕石については、後半でお伝えしようと思います。どうか、この機会に、パワーストーンと隕石の真実を学び、素晴らしい効能を実感してくださいね。

目次

第2章　7つのチャクラとパワーストーン

第6章　人外魔境に棲む存在を浄化する

第7章　空から落ちてきた女神

第1章
パワーストーンの真実

パワーストーンとは何か

「『パワーストーン』ってよくいいますが、実際、どんな石のことをいうのですか?」

一言でいうと、宝石もパワーストーンも、すべて石の一種です。貴重で高価な石を宝石といい、なんだか不思議なパワーがありそうな石をパワーストーンというのです。何をパワーストーンといい、何をただの石というかは人それぞれで、何か決まりがあるわけではありません。

みなさんは、パワーストーンというと何を連想するでしょうか?

西洋でも東洋でも「パワーストーン＝いわゆる不思議な魔力を秘めた石」の伝承はたくさんあります。モーゼの十戒はサファイヤの石板に書かれていたとか、エメラルドは堕天使ルシファーとともに地上に落ちてきたとかいう伝説もあるほどです。

サファイアもエメラルドもご存知のように宝石であると同時にパワーストーン、不思議なパワーを持った石として語られています。

でもちょっと待ってください。これらの伝承は、これからマユリがお話しする「波動療法としてのパワーストーン」とはちょっとニュアンスが違うのです。

十戒のサファイアもルシファーのエメラルドも、そこに神や悪魔の力が宿るからすごいと語られているのであって、「鉱物としての石そのものの波動」がすごいといっているわけではないのです。

パワーストーンは器としてエネルギーの使われてきた

では、そもそも「パワーストーンの効果」とは、どのようなものなのでしょうか？

ちょっと考えてみましょう。

パワーストーンの効果といえば、よく「金運が上がる」「恋愛運が上がる」「仕事運が上がる」「無病息災」「魔除け、厄除け」などといわれます。

一言でいうと「運気が上がる」「不運を追い払う」というイメージでしょうか……

そう！　これって、なんだかお守りの効果と似ていますよね？

では、お守りとは何でしょうか？

「中に紙のようなものが入っていました！」

いえいえ、そんな物質的な話ではなく（笑）、お守りの中には神様が入っています。

平たくいうと、小さな神札のようなものが入っていて、そこを依《よ》り代《しろ》にして神様が入れられているのです。

祝詞や印や真言で入れたり、この頃では波動転写機を使って入れたりするものもあるようですが、とにかく中には何か「みえないエネルギー」が入っているのです。

「なるほど、でもそれがパワーストーンとどんな関係があるのですか？」

お守りと同じように、パワーストーンも「みえないエネルギーを入れる器」として使われてきた歴史があります。お守りの中に入れるのと同じ方法で、パワーストーンにもエネルギーを入れることができるのです。

サファイヤの石板も、ルシファーのエメラルドも、石自体のエネルギーではなく、中に込められた神さまや悪魔のパワーが力の本源ですよね。同じようなことがパワーストーンにもいえるのです。

パワーストーンの効果を考えるとき、気をつけなければならないことがあります。

パワーストーン自体のエネルギーではなく、中に、神様やら悪魔やら、何かのエネルギーを入れたものがあります。この場合は、中に入れられたエネルギー体が力の源で、石自体のパワーではありません。

タイ料理に、パイナップルを繰り抜いて焼き飯を詰めたものがありますよね。それはもう焼き飯であって、パイナップル料理ではありません。同じように、エネルギーを入れたパワーストーンは、もはやパワーストーンそのもののエネルギーではないのです。

◆コラム1◆

『犬夜叉』に出てくる四魂《しこん》の玉

不思議な魔力を秘めた石の伝説は世界中にありますが、高橋留美子先生の漫画『犬夜叉』に出てくる「四魂の玉」もその一つです。アニメにもなったので、ご存知の方も多いでしょう。ありとあらゆる願いを叶える四魂の玉を巡って、さまざまな人間や妖怪が争う物語です。

「ありとあらゆる願い」ですから、「金運が上がる」「恋愛運が上がる」「仕事運が上がる」「無病息災」……もすべて含まれますよね。要するに、四魂の玉はパワーストーンのスーパーバージョンなのです!

この四魂の玉も、玉(石)そのものに霊力があるわけではありません。四魂の玉の始まりは、古代の巫女が、妖怪と自分の魂を玉に封印したことでした。この封印された魂こそが「願いを叶える」不思議な力の源泉なのです。

巫女の霊力と妖怪の妖力が込められた玉、そう、この玉（石）も単なる器にすぎません。四魂の玉とは、特殊な霊力が魂入《たまい》れされた「石」なのです。

アニメ上の話ではなく、実際に石に魂入れをする風習は昔からあります。そうした伝統から、今時のパワーストーンにも、何だかのエネルギーが入れられていることがよくあるのです。

一昔前は、印や真言（英語でいうとシンボルやマントラのことです）祝詞等で、エネルギーを入れていましたが、この頃では波動転写機という便利なものがあり、誰でも簡単にエネルギーが入れられるようになりました。そのせいか、その辺で売られているごく普通のパワーストーンにも、エネルギーが入っていることがよくあります。

「どこにでも買えるような普通のパワーストーンにも、エネルギーが入れられているなら素敵ですよね！」

ウーン、そうともいえないんですよ。

◆コラム◆

弥勒様（犬夜叉のキャラです）のセリフに、「四魂の玉があらゆる願いを叶えてくれるのは本当だが、持った者の欲望を玉の中に封じ込めて自らの存在を保つ特性があり、さらなる欲望をかきたてるために、本当の願いは決して叶えてくれない」というのがあります。

この玉のエネルギーの源泉は「人間の欲望」なので、次から次へと欲望が湧いてくるように、本当の望みだけは決して叶えない……といっているのです。主人公のかごめは、最終的にこの玉の消滅を願い、四魂の玉はこの世から消え平和が訪れます。

このアニメが示唆するように、「なんでも願いが叶うパワーストーンに、安易に飛びつく」のは考えものなのです。

この頃では、波動転写機を使って、誰でも簡単に波動を転写することができます。誰でも、お気に入りの、神さまや大天使、宇宙エネルギーや、エネルギーワークの波動を入れることができるのです。

そのせいで、さまざまなエネルギー入りのパワーストーンが巷にあふれています。そうしたパワーストーンには、さまざまなご利益がうたわれています。

「なんでも願いが叶う」

「恋愛が成就する」

「お金を引き寄せる」

「成功に導く」　などなど

石にエネルギーを入れるということは、石の中に特殊な波動を入れ込むということです。それは、石自身が放つ自然な波動とは、また別のものです。

波動にも合う、合わないがあります。波動に敏感な人の中には、そうしたエネルギーが入れられた石をつけて、体調が悪くなる人もいるのです。

自分が大好きな神様やエネルギーワークだからといって、勝手に石に入れるのは慎むべきです。納得してつける分にはいいですが、実際には、ごく普通の石屋や通販で、何の明示もせずにエネルギー入りの石が売られているのを見かけます。そういう石を持って体調が悪くなった方が、マユリのところにもご相談に来られるのです。

「エネルギーを入れた石と、自然な石は見た目では区別がつかないですよね？　どうすればいいのでしょうか……」

大丈夫、ペンジュラムを使えばわかります。そう、ペンジュラムはパワーストーンを扱うためには必修です。ペンジュラムの使い方について、本書の第3章、詳細は『速習！　ペンジュラム』（小社刊）をお読みくださいね。

鉱物としての石自体の効果

パワーストーン自体のエネルギーとは何でしょうか?

植物が人を癒やすように、鉱物も人を癒やすことができます。アロマ、フラワーエッセンス、ハーブ、漢方、植物を使った自然療法はたくさんありますよね。

波動療法としてのパワーストーンは、「コミュニケーション能力が上がったり」「集中力が向上したり」「感情の起伏が安定して穏やかになったり」など、具体的で日常生活に即した現実的なものです。

パワーストーンとは、人間の感情や精神に作用して気持ちを安定させ、前向きにしたり、肉体に作用して頭痛やけん怠感を解消したりするなど、日常生活に直結した具体的なものなのです。

波動療法としてのパワーストーンは2タイプある

波動療法としてのパワーストーンには、二つのタイプがあります。

1 チャクラを活性化して人の心や体を整える石

2 オーラを浄化する石

パワーストーンには、チャクラを活性化する「エナジャイズィング系（エネルギーを活性化する）」の石と、オーラを浄化する「浄化系」の石があります。

まずは、チャクラを活性化する石について、お話しさせていただきますね。

なぜパワーストーンはチャクラを活性化するのか？

チャクラとは、エネルギーが出たり入ったりするポイントで、主なものが7つあります。

では、なぜ石でチャクラを整えることができるのでしょうか？

そのことを考える前に、ちょっとご存知のパワーストーンを思い浮かべてください。紫のアメジスト、黄色いシトリン、赤いガーネット……きれいな色に魅せられたパワーストーンが好きになった方も多いはずです。では、そもそも、色とはいったい何でしょうか？

色とは光です。通常人が光を知覚するとき、色として認識します。780ナノメートルの波長の光を赤色として、380ナノメートルの波長の光を紫として、人の

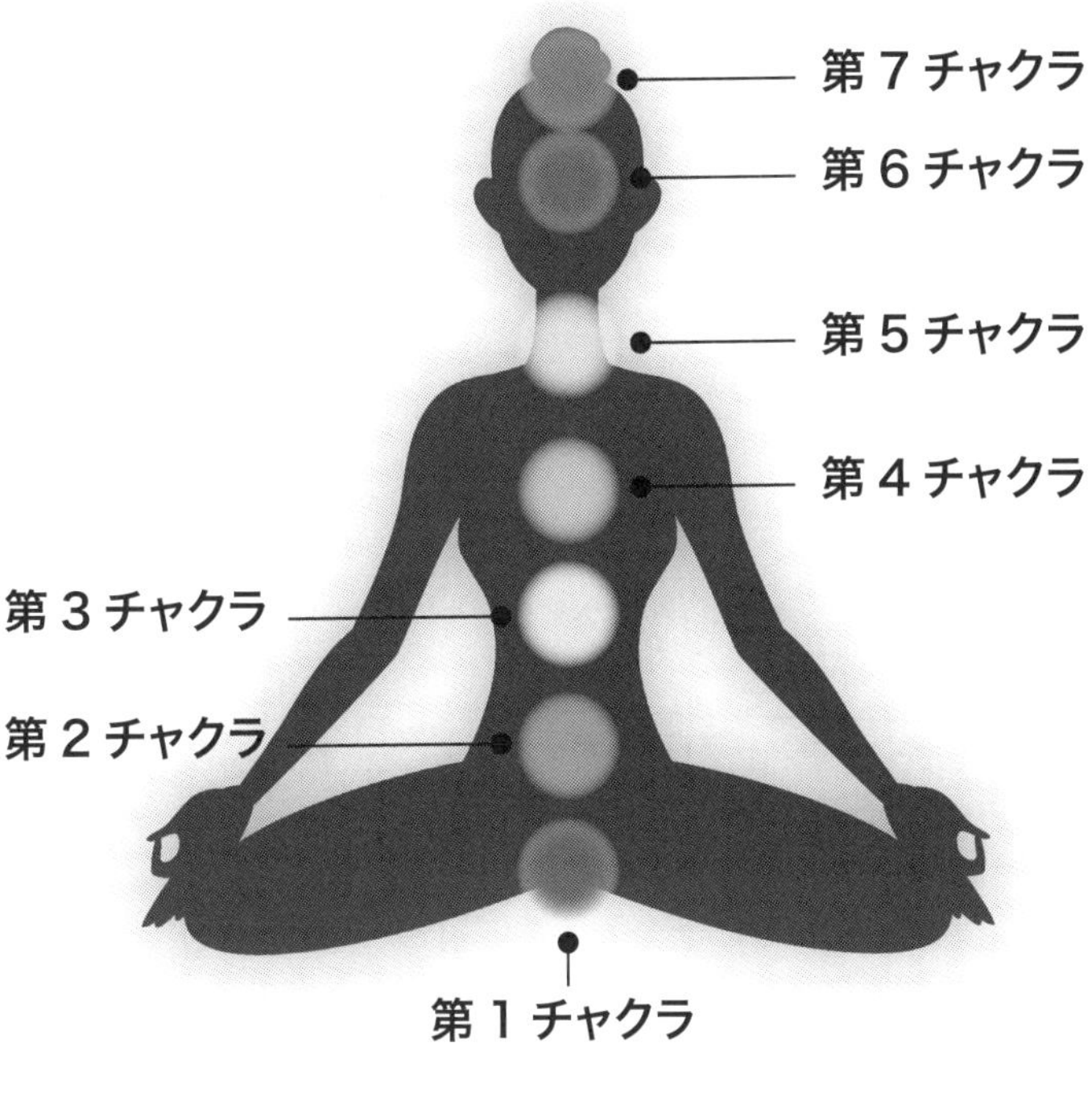
第7チャクラ
第6チャクラ
第5チャクラ
第4チャクラ
第3チャクラ
第2チャクラ
第1チャクラ

脳は認識するのです。

この780から380ナノメーターの波長の光を可視光線といいます。

光といってもいろいろあります。いわゆる紫外線や放射線も光の一種ですし、赤外線もスマホやインターネット、テレビの電波も光の一種です。5Gで話題になったミリ波も光の一種です。これらはすべて光なのですが、人間の目には見えません。「見えないから存在しない」のではなく、見えないけれど放射線に当たれば放射線障害を起こし、場合によっては死に至ります。つまり、人間の目が知覚できないだけでちゃんとあるのです。

広大な光の波長の中で、人の目で見るこ

【電磁波のスペクトル】

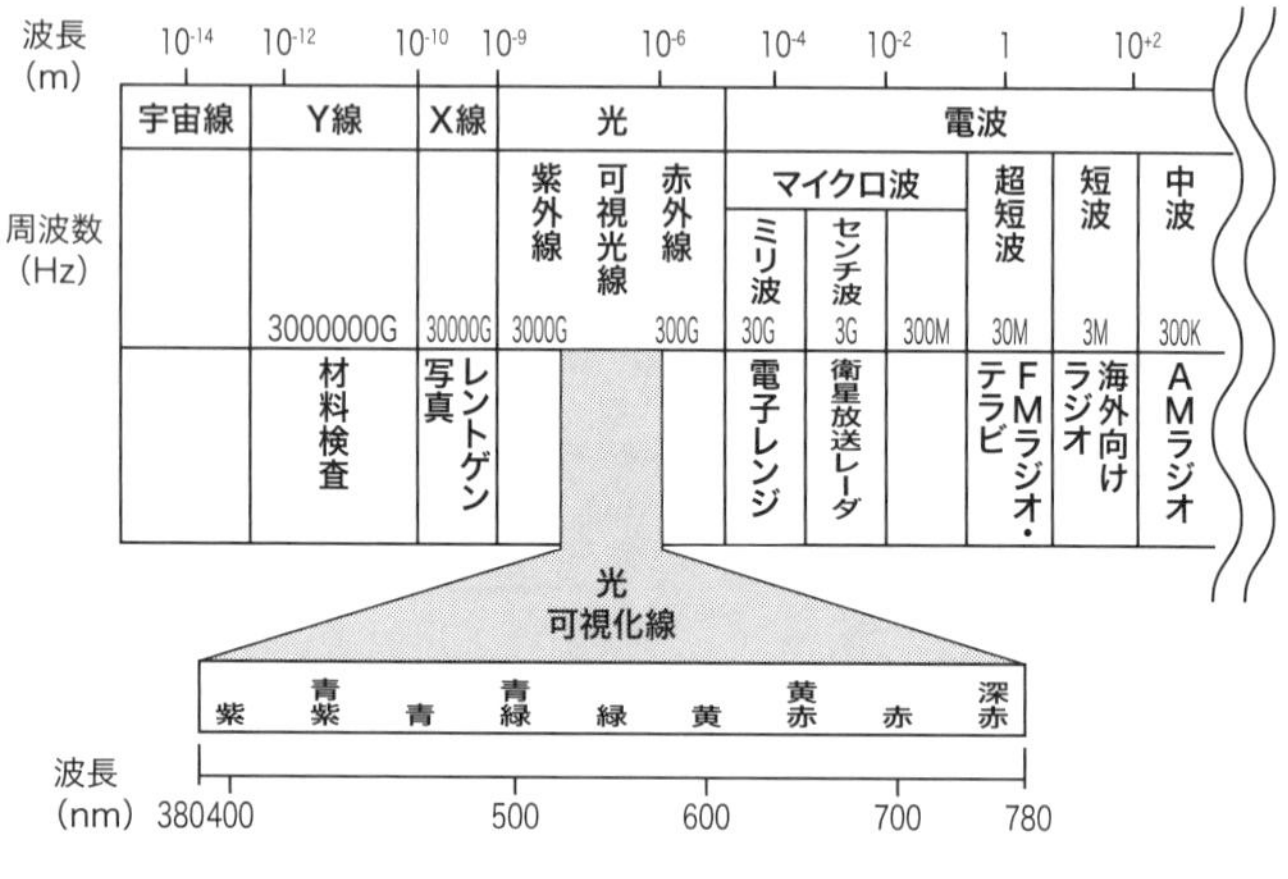

とができる範囲が380ナノメーター～780ナノメーターの波長の光で、それを可視光線（見ることができる光）といいます。つまり、色とは光なのです。

可視光線の光の領域は、赤・オレンジ・黄色・緑・青・紺色・紫ですよね。これ、何かに似ていませんか？ 虹の色？ ええ、それもありますが……そうです！ 7つのチャクラの色と同じです。

チャクラは可視光線と共鳴してエネルギーアップする

チャクラは特定の可視光線に共鳴して、パワーアップする性質があります。ときどきチャクラ自体に色がついていると思っている人がいますが、そうではなく、たとえば赤い光に共鳴してパワーアップする作用があるのです。

第1チャクラが弱っている方に、780ナノメートルの光を照射すると第1チャクラが活性化します。赤い石を持っても同じような効果があります。第1チャクラがパワーアップすると、活力が増し、フットワークが軽くなります。「なんだかこの頃以前より体が軽い」「サクサクと動けるようになった」ことがありませんか。石の作用で第1チャクラがパワーアップしたのです。

パワーストーンでチャクラをパワーアップするのは、チャクラが可視光線と共鳴する性質に基づいています。

チャクラに対応するというのは実は大ざっぱな言い方で、私が石を選ぶときは、もっと細かくみていきます。

チャクラは、第1チャクラから、突然第2チャクラになるのではなく、1から2に赤からオレンジに、クリムゾン・赤・朱色・オレンジ・だいだい色……といったようにグラデーション的に変化していきます。一言で赤（クリムゾンから朱色くらいまででしょうか）といっても、610～780まで、かなり広い波長領域があります。たとえば、680ナノメーターの波長領域にエネルギーブロックがある方がいたとします。この方に漠然と赤い石を持たせても、それなりに効きはしますが、680ナノメーター±10の範疇《はんちゅう》であれば、劇的に波動は改善します。

マユリ自身がパワーストーンブレスを作るときは、このようにみていきます。

「そんなことどうやってできるのですか？」

もちろん普通はわかりません。けれども、ペンジュラムを使えば、微妙な波長の違いもわかるようになります。パワーストーンを正確に扱うためには、ペンジュラムを使いこなすことが必要なのです。

パワーストーン療法は光療法

もう一つ気をつけなければならないのは、パワーストーンは、必ずしも見た目の色と波長が一致するわけではありません。

たとえば、グリーンアメジストという緑のアメジストがあります。緑は第4チャクラの色ですが、この石は第7チャクラに共鳴します。この緑の石を持っても、第4チャクラは上がりません。

こういう例外があるので、見た目の色で判断せずに、かならずペンジュラムで波動をチェックすることが大事なのです。

「パワーストーンは一種の光線療法ってことですが、だったら赤いガラスでもよくないですか？」

赤いガラスでもある程度の効果はあると思います。ただ、赤いガラスと赤い天然石では、波動の強さが全く違います。同じ波長の色でも強度が違うと効果は全く違うのです。同じ赤いレーザービームでも、出力が違うとパワーが違うのと同じです。

先ほど、光線療法という言葉が出ましたが、パワーストーンの効果は、まさしく光が人間にもたらす効果なのです。

石は土中からとれることから「パワーストーンは大地のエネルギー」と思われがちですが、実際には「パワーストーンは光のエネルギー」なのです。

今でこそ科学の進歩で、特殊な機械を使えば450ナノメートルの光をピンポイントに照射することもできますが、機械がない時代では、パワーストーンが唯一の手段でした。

パワーストーンこそ、人間が手にすることができる「天の光」だったのです。

◆コラム２◆ オーラはみえるものなのか？

「マユリさん、どうすればオーラがみえるようになりますか？」という質問を受けることがあります。そういうとき、こう答えます。

「オーラはみえる必要はありません。もちろん、みえてもいいですが、みえなくてもいいのです。要するに、わかればいいのです」

多くの人が、みえる＝わかると思い込んでいます。実際は、わかる（認識する）ことと、みえることはまた別の問題です。オーラがみえる人は、直観が認識したオーラを、脳が視覚的映像にすることによって、自分の中に落とし込んでいるのです。

「ええ？　どういうことですか？」

では、みえるとはどういうことでしょうか？　ちょっと考えてみましょう。

人間の目にみえる光は、可視光線といわれる波長だけで、それはすべての光の中でほんのわずかの範囲にすぎません。つまり、この世のほとんどは、我々人間の眼にはみえていないのです。

「みえない世界」といいますが、実はこの世のほとんどが我々人類にはみえていません。みえる世界のほうが、きわめて特殊でまれなのです。

可視光線とはあくまでも、人類にとっての「みえる光」であって、みえる範囲は動物によって違います。たとえば、鳥や昆虫は紫外線の一部がみえます。私たちの住む世界と、鳥や昆虫の住む世界はずいぶん違うのです。


蛇には赤外線がみえます。みえるというのは語弊があるかもしれません。正確には、蛇にはピット器官というものがあり、そこで赤外線放射を感じ取ることができるのです。蛇はピット器官で赤外線を感じ、脳に信号を送ります。同じように、人間は目という器官で可視光線を感じ、脳に信号を送り、画像を結ぶのです。

みえるとは、そういうことなのです。ちなみに、人によっては300〜330ナノメーターくらいまでみえる人がいるそうです。そうすると、紫外線の一部がみえるわけですから、実は、他の人とちょっと違う世界に住んでいるのかもしれません。私たち人類がみている世界も、細部においては人それぞれなのです。同じ種の人類といえども、厳密にいうと、皆が同じ世界をみているわけではありません。

さて、なぜ、人間は380~780ナノメートルの範囲の光だけがみえるのでしょうか?

太陽の光で、地上に届くもっとも強い部分は400ナノメートルから700ナノメートルの光です。そう! 人間の可視光線の範囲とほぼ重なっています。地上に住む人間にとって、この波長の光は最も必要不可欠です。なので、進化の過程でこの範囲だけがみえるようになったのではないでしょうか。

鳥や昆虫は明るい空を飛ぶので、紫外線がみえることが必要です。蛇は、夜行性なので、暗闇でも獲物がみえる必要があり、赤外線カメラのようにわかるのです。

余談ですが、もし空を飛ぶ天使のような生き物がいれば、鳥よりも高いところを飛ぶ彼らは、紫外線より波長の短い放射線がみえるかもしれません。彼らにとって可視光線はみえる必要がないので、みえていないか、みえたとしても赤外線カメラやレントゲン写真のようなみえ方をしているのかもしれません。

どの範疇の光がみえるようになるかは、惑星によっても違うでしょう。もし紫外線のみえる異星人がやってきたら「地球という星は、なんて薄暗い星なんだ……」と思うはずです。

要するに、オーラやチャクラを認識するのは目ではありません。目ではない何かが認識して（通常それは直観とか第六感といわれます）、脳に信号を送り、脳が画像を結べばみえたことになるし、画像を結ばなければみえないけれど、わかったことになります。

画像というのは、脳が作っているわけですから、別にみえる必要はないのです。

ただ、人間というのは、視覚が発達した生物ですから、視覚化するとわかったような気になる性質を持っています。みなさんも、話を聞くより写真をみたほうが、納得するでしょう？　音だけ聞くより、ビデオの方がわかった気になりますよね？　人間は、視覚に執着する性質を持っているのです。視覚化すると安心するというか、わかった気になるのです。

注意しなければならないのは、それがゆえに、みえるものに惑わされて、本質を見誤ることがあります。石を扱う場合も、みかけではなく石の波動を感じることが大事なのです。

第2章

7つのチャクラとパワーストーン

チャクラとは何か？

パワーストーンの効果を使いこなすには、チャクラの知識が必要です。

パワーストーンというと、現実の生活から乖離したスピリチュアルなものというイメージを持たれる方もいるかもしれませんが、パワーストーンのもたらす効果は我々の心と体、ひいては私たちの日常生活と密接に関係しています。「赤いパワーストーンは第1チャクラをアップして」……といっても、それが現実の私たちの生活でどのように役立つのかわからなければ、実際に役に立ちません。

パワーストーンは、私たちの現実の暮らしとどのように関わっているのでしょうか。たとえば、パワーストーンで第1チャクラが活性化すれば、バイタリティが湧いてきます。その結果、お尻が重かった人がフットワークが軽くなり活動的になるなど、私たちの生活に現実的な変化をもたらすのです。

また、あまり知られていませんが、パワーストーンは、気功や鍼灸のように健康にも役立ちます。たとえば、目が疲れたり頭がボーッとするとき、ラピスラズリを身につけると軽減されます。パワーストーンの波動で、体の気が整うのです。

パワーストーンは、メンタル（心）とフィジカル（体）の両方を整える波動療法なのです。

パワーストーンでチャクラを癒やすためには、チャクラについての知識が必要です。この章では、マユリの体験を通して具体的にお話ししていきますので、しっかり日常の世界とチャクラの知識をリンクさせてくださいね。

チャクラの位置と機能

チャクラとは、エネルギーが出たり入ったりするところで、全身に250とも500あるともいわれています。鍼灸でいうツボも、そういう意味でチャクラの一種です。

大きなチャクラが7つあり、その中でも、特に大きいのが大地のエネルギーが入ってくる第1チャクラと天のエネルギーが入ってくる第7チャクラです。

各チャクラの位置は、だいたいこの図どおりですが、姿かたちが人さまざまなように、実際には多少個人差があります。ちなみに、ペンジュラムを使うと、正確なチャクラの位置がわかります。

それでは、各チャクラの機能について、具体的にお話ししていきましょう。現実との関わりの中で、イメージをつかんでくださいね。

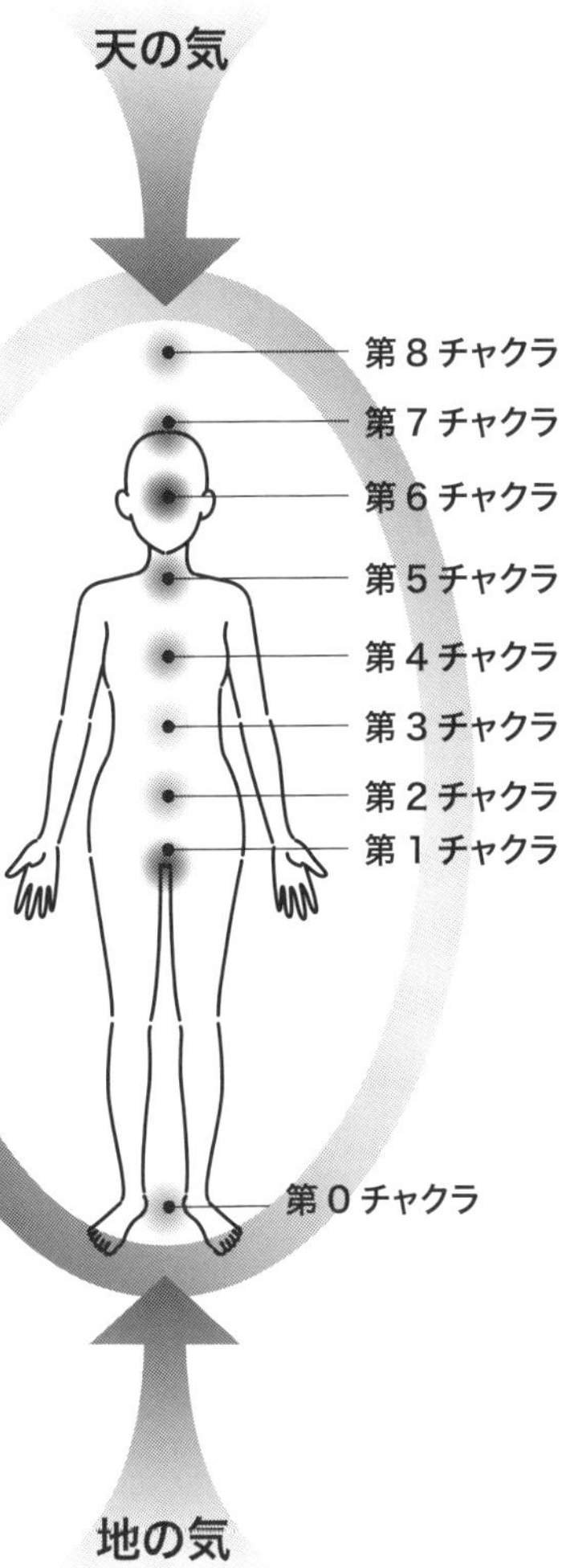
天の気
第８チャクラ
第７チャクラ
第６チャクラ
第５チャクラ
第４チャクラ
第３チャクラ
第２チャクラ
第１チャクラ
第０チャクラ
地の気

わかりやすくするために、パワーストーンの色を記入していますが、まれにグリーンアメジストのように、見た目の色と波長が一致しないものもあるので、注意してください。

石の名前は、マユリが実際によく使用して繰り返し効果を確認したもののみ記載しています。

第1チャクラ

パワーストーンの色：赤（股）　黒（足）
主な石：ハイパーシーン　ブラックトルマリン　ヘマタイト　オブシディアン　ガーネット　レッドジャスパー　レッドーカーネリアン　赤メノウ　赤水晶
主な機能：生命力　バイタリティ　この世に存在する力
肉体：足全体　鼠径部　直腸結腸

第1チャクラは存在するパワーそのもの

第1チャクラの基本的な機能は、生命力、すなわち生きる力です。そこから、バイタリティ、生き抜く力（サバイバル）、行動力、実行力、経済力、競争力、といった意味が派生します。第1チャクラとは、この世に存在するパワーそのものなのです。

動物が生きるためには獲物を獲らなければなりません。今は原始時代ではありませんから、人間の場合はそれが経済力になります。ここでいう経済力は、知的な技で上手にお金を稼ぐ技術ではなく、生き抜くために食い扶持を稼ぐ活力・パワーのことを言います。

食い扶持を稼ぐためには競争がつきものです。生き抜くためには競争に勝たねばなりません。そこから競争力も派生します。

誤解のないように言っておきますが、第1チャクラが弱いと、競争に負けるのではなく、競争を避ける傾向があります。頑張って負けるのではなく、最初から競争をしようとしないのです。よくいえば平和的ですが、人生での勝負を避けようとするのです。

このチャクラが弱ると、行動する気力が湧いてこなかったり、高じると引きこもりになることもあります。第1チャクラは、生きる意欲、活力の源なのです。

第1チャクラは、生き物のとしての勢い、生きる力を表します。どんな分野であれ、金銭的に成功している方は、第1チャクラが強い方が多いのが事実です。何をするにしても、活力や行動力は必須だからです。

このチャクラが弱いと、素晴らしい計画や豊かなイメージはあっても、実行に移すことができません。たとえ頭の中によい考えがあっても、現実世界に実現化するパワーに欠けるからです。

◆第1チャクラの本質

第1チャクラの本質は、形のないものを現実世界に具現化させるパワーなのです。

逆に、このチャクラが過剰だと、衝動的で本能のまま、動物的になります。動物は生きる本能のままに行動します。このチャクラが過剰な人は、パワフルですが、攻撃的で自己中心的です。

チャクラは全体とのバランスが大事なので、もし、他のチャクラに比べて第1チャクラのみが突出して強ければ、それはバランスが崩れて過剰になります。第1チャクラも強いが、他のチャクラも同等に強い場合は過剰とはいいません。その場合、以下のような問題は起きません。

他罰性と自罰性（極度に自罰的だと生命力が弱る）

動物の特徴は、反省しないことです。第1チャクラが過剰な人も、衝動のままに動き、振り返ることをしません。彼の心のエネルギーは常に自分の外に向いていて、自分の内側に向くことはありません。自分を内省したり、反省することがないのです。

その結果、うまくいかなかったとき、悪いのは自分ではなく「常に自分以外の何かのせい」になります。上司のせい、会社のせい、家族のせい、社会のせい、政治のせい……ひょっとしたら前世の因縁のせい……かもしれません。とにかく、「悪いのは自分ではない」というニュアンスがあるのが特徴です。

もちろん、そんなことを露骨に口にすると人格を疑われますよね？　そういう場合、人はよく愚痴をいいます。

愚痴には、「私は悪くないのに、周囲にこんなひどい目にあわされている」というニュアンスがあります。根底にあるのは「悪いのは自分以外」という思考形態です。もちろん誰だって多少は愚痴を言いますよね。ここでお話ししているのは「悪いのは、常に自分以外という思考形態」についてなのです。第1チャクラのエネルギーは常に外に向かい、決して内省しないということを覚えておいてください。

第1チャクラは、過剰だと他罰的、弱すぎると自罰的になります。裏を返すと、過度な自罰思考は（何事も自分のせい、自分が悪いと思う）第1チャクラを弱らせて、生命力を低下させるのです。まじめな方ほど人のせいにせず、内省することはよいと思っているので、バランスが大事だということを覚えておいてくださいね。

大地のエネルギーが入ってくるチャクラ

第1チャクラは、大地のエネルギーが入ってくる大事なチャクラです。肉体的には、足、鼠径部、下腹、腸のエネルギーを表します。

大地のエネルギーは足の裏から入ってきます。足のエネルギーの通りが悪いと、第1チャクラは弱ります。裏を返すと、第1チャクラのエネルギーを上げたければ、足のエネルギーを整えなければなりません。足のエネルギーを整える石は、赤ではなく黒い石です。

黒い石を持つと、足やお尻の冷えや、むくみが緩和されます。さらに、一言で黒い石といっても、対応する部位によって使う石が違います。たとえば、オブシディアンは太もものエネルギーを上げますが、ブラックトルマリンはひざから下のエネルギーを上げます。

チャクラの色はグラデーションになっている

人のチャクラのエネルギーを色にたとえると、グラデーションになっています（口絵3ページ参照）。

赤からオレンジに急に色味が変わるのではなく、黒からエビ茶色、赤、朱色、オレンジ色、橙色、黄色というように、だんだんと色味が変わっていくのです。波長でいうならば780ナノメーターから380ナノメーターまで、少しずつ波長が変化していきます。

「この石は780ナノメーターから750ナノメーターにもっとも共鳴する」というように、石によって最もよく共鳴する波長領域があり、石の波長領域は、実はチャクラよりももっと細かいのです。その結果、同じ黒い石でも、オブシディアンとトルマリンでは、足のどの部分に効くのかが違ってくるのです。

マユリが石を選ぶときは、チャクラで選ぶのではなく、この波長領域をみながら選んでいきます。そうすると、チャクラでざっくり選ぶよりも、はるかに効果が上がるのです。

といっても、初心者の方は、あまり細かいことを言っても混乱するでしょうから、とりあえず、そういうものだと心にとどめておいて、まずはチャクラで石を選んでくださいね。

◆第1チャクラを活性化する方法

「石以外に第1チャクラを活性化する方法がありますか？」

運動すること、特に、歩いたり足を使うことで、第一チャクラは活性化します。さらに行動し、適度な競争をすること、このことも第一チャクラを活性化します。

昔、お客様で「毎日第1チャクラを活性化する瞑想をしている」という方がいましたが、瞑想ばかりして、歩いたり、体を使って動くことがおろそかになったら、第1チャクラはむしろ弱ります。

また、適度な競争は第1チャクラを活性化します。競争といえば、子どもの頃「いす取りゲーム」というのがありましたね。あのゲームで「友達を引っぱってでもいすに座る子」っていませんでした？ その子は、第1チャクラが過剰なのかもしれませんね。

一方で、引っぱられても、きょとんとしている子もいませんでしたか？　その子は、第1チャクラが弱いのかもしれません。攻撃されたら、それなりのリアクションがあるほうが、生き物としては普通なのです。

もしかしたら、最初からゲームに参加せず、横で見ていた子もいたかもしれません……競争に参加しない、それも第1チャクラが弱いのです。

私の記憶だと、学校の先生は、無理やり座る子を注意しても、きょとんとしている子や、ただ見ている子は注意しなかったように思います。皆さんの学校ではどうでしたでしょうか？

日本の教育では、第1チャクラの過剰な子は注意されますが、弱い子は見過ごされがちです。それでは、大人になったとき、社会で生きていくのに問題が生じないか不安になります。過剰がまずいのと同じように、弱すぎるのも問題です。何事も、バランスが大事なのです。

適度な競争をすることで、第1チャクラは活性化します。行動力や生命力も活性化するのです。

第2チャクラ

パワーストーンの色：オレンジ　茶色（第2チャクラ）
朱色　こげ茶色　コーラルピンク（1・5チャクラ）
主なパワーストーン：サンストーン　オレンジカーネリアン　ムーンストーン
オレンジガーネット（ヘソナイト）　珊瑚　スモーキークォーツ　ルビー
主な機能：今この瞬間を生きるエネルギー　感情（喜怒哀楽）　感性（五感）
生きる喜び
肉体：生殖器　仙骨　膀胱腎臓　腸

今この瞬間を味わうチャクラ

第2チャクラの本質は、生きる喜びです。今この瞬間、五感と感情を全開にして、世界を感じとる力なのです。

生きる喜びを味わうために必要なものはなんでしょうか？　豊かな感性と感情です。

感性とは、五感（視覚、聴覚、味覚、臭覚、触覚）です。第2チャクラが活性化していると、美しいものに感動し、おいしいご飯に舌鼓し、素敵な音楽に心が躍ります。逆に、低下していると、きれいなものをみても「別に……」、おいしいものを食べても「あ、そう」という感じですよね。

そう、今この瞬間を楽しむためには、豊かな感性が必要なのです。

感情とは、いわゆる喜怒哀楽のことです。喜んだり、怒ったり、悲しんだり、楽しんだり……第2チャクラが活性化していると、感情が豊かに変化していくのです。逆に、低下していると、感情の振幅が希薄になってしまいます。感情を我慢しているのではありません。第2チャクラが弱っていると、本当に、感情が湧いてこないのです。

そう！ 第2チャクラは、外部の刺激に対するリアクションをつかさどります。第2チャクラが活性化していると、外部の刺激に敏感に反応しますが、低下していると鈍いのです。そして、外界の刺激に敏感に反応するために必要なのが、豊かな感性と感情なのです。

第2チャクラは、今この瞬間を楽しむ力です。1週間後に大事な試験を控えているのに、しぶしぶ飲み会に連れて行かれたとしましょう。第2チャクラが強いと、気になることがあっても、おいしいものを食べると「おいしい！」と感じます。でも第2チャクラが弱いと、試験のことが気になって、何を食べても味わうことなんかできません。心ここにあらずなのです。

「それって、イソップ童話のアリとキリギリスの話みたいですね」

確かに、キリギリスは今この瞬間を楽しむエネルギーにあふれていますよね。それに比べて、アリはこの瞬間を楽しまずにせっせと働いています。アリは、今に生きずに未来のために生きているのです。

ところで、このお話、日本では「キリギリスのようになってはだめですよ。アリを見習いなさい」という教訓ですよね？　実は、日本人は、第2チャクラが弱い民族といわれています。

この頃では変わってきたようですが、人前で感情を出すのをよしとしない日本文化は、第2チャクラを抑圧するといわれていました。昭和の時代には「黙って食事をしなさい」という教育もあったそうで、第2チャクラの成長期にそういう教育を受けると、根深く弱ってしまうかもしれません。

第2チャクラは外界からの刺激に反応する力

第2チャクラが弱いと、外部へのリアクションが弱くなります。外部の刺激に対して、心が振れないのです。逆に、第2チャクラが過剰だと、心が振れ過ぎる、つまり喜怒哀楽が激しくなり、感情の起伏が大きくなります。

喜怒哀楽のどこにポイントがあるかは人それぞれです。喜び（箸が落ちても笑う人です）がポイントの人もいれば、怒（瞬間湯沸かし器みたいな人です）にポイントがある人もいます。怒がポイントだと周囲はたいへんかもしれません。いきなり切れたり、ヒステリックだったり、外部の刺激に対して過激に反応するのです。
ちなみに、チャクラのバランスがとれている場合は、喜怒哀楽が豊かになります。豊かと激しいは違いますよね。

第2チャクラが強い人は、表情が豊かでリアクションもいいのです。褒めてあげるとうれしそうにする人には、また褒めようって思いますし、反応が悪いと、褒めがいがないですよね。人間は、リアクションのいい人に好感を持ちます。結果、第2チャクラの強い人は、人気者になりやすいのです。
無理やり、表情を豊かにしようと思っても、なかなかできるものではありません。でも、第2チャクラが活性化すると、以前より表情が豊かになります。自然と感情が表出するのです。

「長年、心の底から楽しんだことがない」「人生は退屈だ！」と思う方も、第2チャクラのパワーストーンをつけてみてください。日常のささいなことにも心が動くようになります。その結果、ありふれた日常の一コマにも、生きる喜びを見出すことができるようになるのです。

それが、第2チャクラが、今この瞬間を楽しむチャクラといわれるゆえんでもあるのです。

第2チャクラとセクシュアリティ

第2チャクラの機能には、セクシュアリティもあります。フェロモンのように性的な魅力を放つのです。

以前、セックスレスで悩む女性が来られたことがあります。ご主人が仕事の疲れでレスの状態が続いているというのです。

「子どもが欲しいのにこの調子では……」「主人をなんとかできないでしょうか?」

実はチャクラをみると、ご主人ではなく、この方自身の第2チャクラがたいへん弱っていました。人のエネルギーは相互作用が大きいので、自分のチャクラが変われば、パートナーも変わることがよくあります。この場合も、女性の第2チャクラが活性化したら、レスは解消したのです。

他人に原因をみるよりも、まずは自分自身なのです。パワーストーンと引き寄せの法則については、のちほど詳しくお話しさせていただきますね。

肉体的には、第2チャクラは、生殖器、泌尿器、仙骨、腸と関連しています。腰痛や、生理痛や不順が、第2チャクラのパワーストーンを持つことで緩和されることがよくあります。

切れやすかったり、感情の起伏の激しい人は、第2チャクラの石を持つと、イライラしなくなります。逆に、なんだか心が弾まないタイプの人は、気持ちが明るくなります。

第2チャクラと依存症、中毒症

第2チャクラは依存症とも関連しています。

第2チャクラは感性のチャクラなので、過剰だともっともっと刺激が欲しくなります。味覚の場合、普通の味では満足できずに、もっと辛い物、もっと油っこい物など、はっきりした刺激を求めるようになっていきます。そのうち舌が麻痺してきて、微妙な味では満足できません。食べ物ぐらいなら罪はありませんが、酒、セックス、ドラッグなら、たいへんです。過剰な感性を満たすために、もっと強烈な刺激を求めるようになるのです。ひどくなると依存症、さらには中毒症を引き起こします。

中には、恋愛中毒の人もいました。つき合い始めた頃のワクワク感を求めて、新しい恋をくり返すのです。第2チャクラは、ワクワクするエネルギーなので、過剰になると、常にワクワクを追い求めるようになるのです。

依存症は第2チャクラが弱い人にも起こります。弱い人の場合、普通の刺激では感じないので、もっと強い刺激を求めるのです。

第2チャクラは、感情と感性という人が人たる基本に関連するチャクラなので、良くも悪くも我々の日常生活と深く関連しています。うまくバランスがとれていれば、日常のささいなことの中にも、人として生きる喜びを与えてくれる素敵なチャクラなのです。

第3チャクラ

パワーストーンの色：だいだい色　ゴールド　黄土色（2・5チャクラ）
黄色　クリームイエロー（3チャクラ）
黄緑　深緑　モスグリーン　オリーブグリーン（3・5チャクラ）
主なパワーストーン：シトリン　インペリアルトパーズ　ペリドット　マラカイト
モルダバイト
主な機能：自我　自分という意識　自他の区別　支配と服従
社会における自分の立ち位置

第3チャクラは自我をつかさどる

第3チャクラは自我をつかさどるチャクラです。このチャクラは自分らしさ、アイデンティティ、自分は何者かという定義をもたらします。

第3チャクラが過剰だと自信過剰になり、弱いと自信喪失になります。過剰だと協調性にかけ自己中心的、弱いと過度に空気を読もうとし、自分を殺してまわりに合わせようとします。

バランスが取れていると、アイデンティティが安定しています。自分というものが安定しているので、過度に自己主張することも、自分をおし殺すこともありません。

第3チャクラは、別名、支配と服従のチャクラとも呼ばれています。過剰だと他者に対して支配的になり、弱いと服従的になります。

またの名を「社会性のチャクラ」ともいいます。社会における人間関係を決定する大事なチャクラなのです。

「社会性のチャクラ」についてお話しする前に、チャクラの発達時期について少しふれておきましょう。

チャクラの発達段階

◆第1チャクラは存在すること自体が目的

第1チャクラは赤ちゃんのときに発達します。赤ちゃんは、お腹がすいたら泣き、満たされると泣きやみます。まさに本能のままに、生きる意欲そのものです。いうなれば、赤ちゃんは生きるために生きているのです。第1チャクラの目的は、この世に存在することです。存在すること自体が目的なのです。

この時期に、生きる意欲そのものをくじくようなことをしたら、第1チャクラの成長が阻害されます。

「生きる意欲をそぐって虐待とかネグレクトですか？」

もちろん、それは当たり前ですが、たとえば「仕方がないから生んだ」とか「本当は男の子（女の子）が欲しかった」とか、この世に生まれてきたことを否定するような発言は第1チャクラを弱らせます。

第1チャクラは、この世に存在するエネルギーそのものです。そこに「存在することに疑問を挟むようなこと」を言ってはいけません。たとえ悪気はなくとも「自分が生まれてきたことは、歓迎されていない」と感じたら、第1チャクラは弱るのです。自分の存在に何の疑問もはさまない、無邪気にあるがままに存在するのが、第1チャクラなのです。

◆第2チャクラは個としての個性が発現する

第2チャクラは幼児期に発達します。2、3歳ともなれば、お腹がすいたから泣くのではありません。「好きなおもちゃを買ってもらえなくって悲しいから」そう、感情が満たされないから泣くのです。

この時期になると、感情と感性が発現します。

好きな食べ物、嫌いな食べ物など、自分の感性に合うもの、合わないものがはっきりしてきます。そう、個人としての個性が培われていくのがこの時期なのです。

この時期に、感情や感性を過度に抑圧すると、第2チャクラの発達が阻害されるのです。たとえば、幼稚園児に「男のくせに泣くな」とか……いえいえ、幼稚園児は泣くものなのです。適度に泣かせてあげてくださいね。

◆第3チャクラ期になると社会が現れる

自我が発達するとき、それが第3チャクラ期です。

第3チャクラの発達は、個人差はありますが、小学校高学年から中学生くらいでしょうか、「自分は何者だろう？」と初めて思いついたときがそのときです。「自分は何者だろう？」そう思ったら、自分の定義を始めます。定義といっても子どもですから「自分は、山本小学校の6年生で、勉強は中の中だけどクラスで結構可愛いほう、仲のいい友達は由紀ちゃんと真理ちゃん……」みたいな具合です。

この時期になると「自分はなぜ生まれてきたのだろう？」とか、「どうして自分はこの家の子なんだろう？」「どうして日本人に生まれたんだろう？」とか、自分について、いろいろ考え始めます。

自分というものを意識し始めるのです。

そしてそのとき初めて、「この世には、自分という存在が、存在していること」に気づきます。自分を一歩離れたところから客観的にみれるようになるのです。

自分を意識することによって、「この世には自分でない誰かが存在していること」にも気づきます。「自分という存在がいて、他人という存在がいることに気づく」――これが社会のはじまりなのです。

このとき、初めて、彼らの脳内に社会が現れます。

◆第2チャクラ期は自他の区別があいまい

第2チャクラ期までは、子どもは、「他人という存在がいること」に気づいていません。第2チャクラ期の子どもにとって、他人と自分の境界線はあいまいです。どこまでが自分で、どこからが他人かがよくわかっていません。まだそんなことを意識したことがないのです。言い換えれば、第2チャクラ期の子どもの世界は、すべて自分なのです。

他人というものが、まだあいまいな段階の子どもに、「他人の気持ちを思いやりなさい」といっても無理なので、この時期の子どもは、悪気なく人を傷つけるようなことも言います。

けれども、第3チャクラ期になると、この世には「自分という存在」がいて自分でない「他人という存在」がいることを理解しています。ですから「自分がされていやなことは、他人もされるといやだろう」と推測できるようになるのです。

他人の存在を初めて知ったので、この時期の子どもは、他人の目を気にします。自分が他人にどう思われているかが、とても気になるのです。

同時に、自分の自己定義に合わないことは拒否するようになってきます。たとえば「私はゆるふわ系女子だから」と自己定義してしまったら、その定義に合わない服は着たくありません。自己イメージがはっきりしてくるので、もう第2チャクラ期のように、親の与える服を素直に着てくれなくなります。第2チャクラ期にも好き嫌いはありますが、これはその場その場での「これは好き」「これはいや」といった条件反射的なもので、自己定義に合う合わないではありません。

◆第3チャクラは他人との距離感を決める

第3チャクラは、社会的な人間関係をつかさどる大事なチャクラです。ここでいう人間関係は、プライベートの親密な人間関係ではなく、少し距離をおいた社会的な関係です。集団の中での他人との距離感を決めるのが第3チャクラなのです。

第3チャクラに発達不全があると、他人との距離感に問題が起こります。そもそも、彼の世界には他人がいないのですから、当然、他人と適度な距離をとるということも理解できません。彼の脳内は、第2チャクラ期のままなのです。

心理学は専門外なのでなんともいえませんが、もしかしたら発達障害と第3チャクラは関連しているのかもしれません。

このチャクラは支配と服従も表します。ですから、真逆の人がくっつきやすい傾向があります。どちらも俺様、女王様タイプならば喧嘩が絶えませんし、どっちも人に決めてもらったほうが気が楽なタイプならば、それも埒《らち》があきません。

多少ならば個性の範疇ですが、極端な支配服従関係の場合は問題です。DVやモラハラには、第3チャクラの問題がはらんでいることがあるのです。

実際に、パートナーのモラハラ的な態度に悩んでいた方が来られたことがあります。

パートナーの第3チャクラは過剰気味で、典型的な支配型タイプです。でも問題は、そこではありません。本人の第3チャクラがあまりにも弱いのです。これでは、第3チャクラを過剰の人を引き寄せてしまいます。

本人の第3チャクラを石で調整して、パワーアップしたところ、パートナーのモラハラがストップしました。人間関係、特にカップルの場合は、片方の第3チャクラが上がれば、片方が下がることがよくあります。足して100%なのです。このカップルも、女性の第3チャクラが弱すぎで、結果として支配と服従のような関係になっていたのです。

もし、あなたがパートナーの支配的な態度に悩んでいたら、石を持つのはパートナーではなくあなた自身だと、覚えておいてくださいね。

第3チャクラは、肉体的には消化器系と関連しています。普段このチャクラが強い人でも、胃腸の調子が悪いときは第3チャクラが一時的に下がります。そういうとき、第3チャクラの石を持つと、吐き気が止まったり、調子がよくなったりします。慢性的に弱い場合は、長期間持ち続けると、石の波動で胃腸が整い、調子がよくなります。

もちろん、明らかに病気の場合は、適切な治療を受けてくださいね。

第4チャクラ

パワーストーンの色：緑　ピンク
主なパワーストーン：エメラルド　アベンチュリン　翡翠　ローズクォーツ
モーガナイト　ロードクロサイト　ロードナイト　ピンク・グリーントルマリン
主な機能：心がつながる　癒される　ストレス緩和　心の平和（緑）
ワクワクするエネルギー　愛情　多幸感（ピンク）

第4チャクラは他人と心でつながる力

第4チャクラは、心の底で他人とつながるエネルギーをつかさどります。

心の底で他人とつながる感情――具体的には、愛、信頼、友情などです。表面的なものではなく、潜在意識の奥底からつながっている感覚です。

第4チャクラの感情は、心の底からくる深い感情で、第2チャクラの浅い感情――いわゆる喜怒哀楽――とは別の物です。第2チャクラの感情は、外界からの刺激に対する反応であって、そこに他人は存在しません。つまり、他人とつながることによってもたらせれる感情ではないのです。

第2チャクラは、喜怒哀楽のような浅い感情で、子どもでも理解できる類のものです。それに対して、第4チャクラの感情は、恋や友情といった、心の底から湧いてくるような深い感情で、思春期以前には理解できません。

孤独を知ってつながることが大切

先ほど、チャクラの発達についてお話ししましたよね。

第2チャクラ期では、世界には自分しかいませんでした。この段階では、いまだ自分と他人が未分化なのです。

第3チャクラ期になると、人は自分という個が存在することを悟ります。と同時に、他人という個が存在することも悟ります。そうして、自分と他人は別々の存在であると悟ります。

そのとき、世界は無数の個で成り立っていることを悟ります。バラバラの個だけでは、とても孤独ですよね。そうなんです、第3チャクラだけでとまってしまえば、世界には孤独な個人が存在するだけになってしまいます。

けれども、第4チャクラ期になると劇的な変化が起きます。別々の個である自分と他人が、実は心でつながることができるという、劇的な反転が起きるのです。

でももし、第3チャクラ期を経験せずに、第2チャクラ期から一気に第4チャクラ期に至ったらどうでしょうか?

世界に自分しかいない段階（第2チャクラ期）で、他人と心の底でつながってしまう（第4チャクラ期）と、自分＝他人になってしまいます。自分の感性や感情＝他人の感性や感情になってしまうので、そうでない現実が耐えがたくなるかもしれません。この人は他人が自分と違うことを理解できないのです。

いったん個として分離して（第3チャクラ期）、それでもなお、「人は心でつながれるのだ（第4チャクラ期）」と気づくことに意味があるのです。

第2チャクラの「好き」と第4チャクラの「好き」は違う

第4チャクラが成長するのは、初恋の頃です。だいたい、中高生くらいでしょうか。

「あら、わたし幼稚園の頃に初恋しましたよ」

その頃の好きは、第2チャクラの好き嫌いなのです。「アンパンマンが好き」や「タピオカミルクティーが大好き」と同じレベルで「あやちゃんが好き」だったり、「とも君が好き」だったりするので、思春期以降のドキドキするような恋とは違います。

中には第4チャクラの発達が不十分で、大人になっても第2チャクラで恋愛する人もいるようです。

第2チャクラの恋愛は、「ハンバーグも好きだけどオムレツも好き」が成り立つように「洋子ちゃんも好きだけど夏美ちゃんも好き」が成り立ちます。心でつながるには相応の心的パワーが必要ですが、第2チャクラの「好き」は軽いので、いくらでも同時並行できるのです。

第2チャクラはワクワクするエネルギーです。恋愛って、つき合い出した当初はワクワクしても、そのうち、ワクワクしなくなりますよね。その代わり、徐々に心と心がつながっていきます。つき合い始めた頃のワクワク感はなくなっても、信頼や愛情が湧いてくるのです。


第4チャクラが発達不十分な人は、ワクワクする期間が終ると、もう相手に興味がなくなります。心でつながることができないので、その先がありません。ワクワクが消えたときが、恋愛の終わりです。

通常は、年齢とともに、第4チャクラが開いていくものですが、何かの拍子にうまくいかなかった場合、その人は、他人と心でつながれないという問題を抱えます。けれども、本人はそれが問題だと自覚していないことが多いのです。

第4チャクラの本質は他者への共感

第4チャクラが弱いと、漠然とした孤独感があります。理由がある孤独感ではなく、「ふと諸行無常の鐘が鳴る」というような、漠然と湧き上がる孤独感です。

人が孤独を感じるのは、孤独でない状態を知っているからです。知らなければ、自分は孤独だと自覚しません。それが当たり前になっているからです。そこにあるのは孤独というより、無感動、虚無感です。

もっとひどくなると冷酷になります。心でつながれないということは、他人に共感を示さないということなのです。なんだか、サイコパスの世界みたいですね。

第4チャクラの本質は、他者への共感なのです。

第4チャクラが過剰な場合、必要以上に対象とつながろうとします。対象に執着するのです。

執着が満たされないとき、憎悪になる場合があります。これほど好きなのに、なぜわかってくれないのか。なぜ拒絶するのか……なんだか、ストーカーの世界ですね。

肉体的には、第4チャクラは循環器系に関係しています。第4チャクラの弱い人は、血の循環が悪く、冷え性や低血圧であることがよくあります。この場合、第4チャクラの石を持つと、冷え性が改善し、手足が温かくなります。

過剰だと、高血圧など血管障害のリスクがあります。第4チャクラは命に直結する大事なチャクラなので、気をつけなければなりません。

緑は鎮静、ピンクは興奮

第4チャクラの色は、ピンクと緑の2種類があります。緑は第4チャクラを鎮静化、落ち着かせる作用があり、ピンクは興奮させる作用があります。

基本的な第4チャクラの色は緑で、健康面を整えるときは緑の石を使いますが、冷え性や、血液循環に関してはピンクが効果的な場合もあります。

精神的には、緑は心を安定させる作用があり、ピンクはワクワクと興奮させる作用があります。ストレスを感じる場合は緑、心がしおれている場合はピンクが効果的です。

よく、ピンクは恋愛の石といわれますが、心をワクワクさせる作用があるので、ピンクの石をもつと恋に陥りやすくなるかもしれません。自分は冷めた性格で、めったにドキドキすることなどない……という方は、ピンクの石を持ってみましょう、一目ぼれするかもしれません（笑）

第5チャクラ

パワーストーンの色：明るい青（5チャクラ） 青緑（4・5チャクラ）
主なパワーストーン：アクアマリン ブルーレースアゲート ブルーカルセドニー
アマゾナイト クリソプレース ラリマー
主な機能：言葉によるコミュニケーション 意思の力
肉体：喉 肩 首 呼吸器系 胸腺

第5チャクラ以上は努力と経験で発達する

さて、第4チャクラまでは、年齢とともに開いていくチャクラですが、5以上のチャクラは必ずしも年齢とともに発達しません。第5チャクラの機能は、言葉によるコミュニケーションと、意志の力です。ここから上は人間特有の知的なチャクラなのです。

コミュニケーション力のある若者もいれば、いい年をしていても、ない人もいますよね。

第5チャクラのコミュニケーション、第6チャクラの論理的思考力　第7チャクラの想像力、直感力は、ある年齢になれば自然と身につくものではありません。裏を返せば、努力して開いていかなければならないのです。

1から4までのチャクラは、生活必需品のチャクラです。活力がなく、感情や感性が鈍く、自我が希薄で孤独では、まるで生きる屍のようです。この4つのチャクラが、うまく機能しないと、生きることに支障が生じます。

ところが、5、6、7のチャクラが弱っていても、生きていけないわけではありません。生活必需品ではないが、人を人たらしめる精神的なチャクラなのです。

言葉を介して他者とつながる

第4チャクラは言葉ではなく、心でつながるエネルギーです。理屈を超えて、潜在意識でつながるような感覚です。それに対して第5チャクラは、言葉を介してつながるエネルギーで、言語的能力と関連しています。

自分の考えや気持ちを、詳細に他者に伝えて共感を得るのが目的です。

第5チャクラと第4チャクラの間に、4.5チャクラというのがあります。4.5チャクラがつかさどるのは自己表現です。他者に対して、自分を表現することがテーマです。色は青緑です。
4.5のチャクラのコミュニケーションでは、発信する相手は不特定多数です。ここでは、相互にコミュニケーションをとることより、発信することに意味があります。それに対して、第5チャクラの相手は「特定の誰か」です。表現することではなく、特定の誰かにわかってもらうことが目的です。つまりコミュニケーションがテーマなのです。

感情だけでなく知的な内容も言葉で表現する

第5チャクラは、第4チャクラと第6チャクラの間にありますよね。これは第4チャクラの感情も第6チャクラの知性も、言葉で他者に伝えることができることを示しています。

かつて、「わたし、コミュニケーションが下手なので、第5チャクラを強くしてください」という女性が来られました。

けれども、彼女の第5チャクラは格別弱っていません。細かくリーディングすると、第5チャクラと第6チャクラの間にエネルギーブロックがありました。

エネルギーブロックというのはエネルギー的な障害物のことで、それが邪魔をして、第6チャクラから第5チャクラにうまくエネルギーが流れていなかったのです。

細かくカウンセリングしてみると、「会社で上司から言われたことが、同僚にうまく伝えられなくって、私のせいで何度もトラブルになったんです。自分ではできるのですが、人に言うときにうまくいえなくて…………」ということでした。

コミュニケーションというと、「自分の感情が表現できない」というイメージがありますが、この方の場合は、上司の指示ですから感情ではありません。頭で理解したことが、言葉で表現できなかったのです。

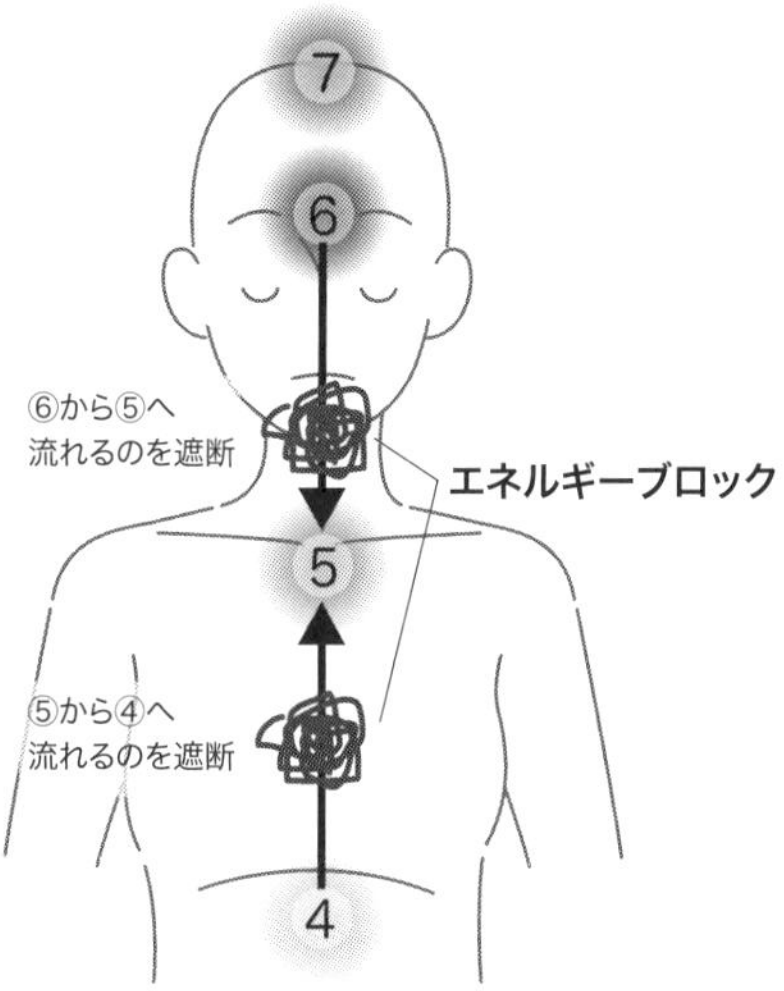

つまり、エネルギーブロックが邪魔して、第6チャクラで理解したことが、第5チャクラの言葉で表現できなかったのです。

もし、エネルギーブロックが、第4チャクラと第5チャクラの間にあったら、感情で感じたことが、言葉で表現することに問題が生じます。その場合は、心で感じたことがうまくコミュニケーションできなくなるので、家族や友人などプライベートな人間関係で問題が生じるでしょう。

エネルギーブロックとパワーストーン

「この場合も第5チャクラの石を持てばコミュニケーション力が向上しますか？」

厳密には、エネルギーブロックに対応する石を持つのが効果的です。ブロックが第5チャクラと第6チャクラの間にあれば、5.5のチャクラの石を持ちます。細かくリーディングして、ブロックのある場所とぴったり合う波長の石を持てば、劇的に改善するのです。

「そんな細かいこと、どうやってわかるのですか？」

ペンジュラムがあればわかります。エネルギーブロックがわかるには、ダウジング上級程度のリーディング力が必要です。けれども、もしエネルギーブロックの位置が正確にわかれば、ただチャクラストーンを持つだけよりも、10倍の効果が発揮できるのです。

第5チャクラは、呼吸器系、肩や首の健康に関連しています。喉の調子が悪かったり風邪気味のときには、第5チャクラの石を持つと緩和されます。肩や首は邪気が溜まりやすいところなので、第5チャクラを浄化すると、肩こりが緩和されて、すっと軽くなります。

第6チャクラ

パワーストーンの色：紺色（ロイヤルブルー）
主なパワーストーン：ラピスラズリ　サファイア　タンザナイト
主な機能：思考力　深く考える力　論理性　理性

肉体：目　頭（脳）耳　鼻

第6チャクラはものごとを深く考える力

第6チャクラの機能は、深く考える力です。深く考える力なので、記憶力がいいとか、物知りだとかではありません。第6チャクラがつかさどるのは、一つのことを突き詰めて考える力、論理的な思考力です。すなわち、ものごとを抽象的にとらえて思索する力なのです。そこから、知性、理性、沈着冷静さが派生します。

このチャクラが弱いと、物事を、感性と感情で衝動的に判断しがちです。物事を理性的に考えることができません。また、考えようとしても思考がぐるぐる回り、考えがまとまりません。

第6チャクラの石は疲れ目や脳疲労を改善

第6チャクラの石を持つと、頭がクリアーになり、集中力が高まります。

肉体的には、第6チャクラは、眼、鼻、耳、頭です。目が疲れたときや頭がボーッとしたとき、片頭痛にも、第6チャクラの石は効果的です。

中世の西洋では、ラピスをつけておいて波動を転写させた水で目を洗うといいという民間療法もあったようです。でも、そんなことをするより、ラピスそのものをブレスやペンダントとして身につけたほうが、はるかに効果的です。

ラピスは5.5から6.5チャクラまで波長領域が広いので、対応する箇所によって使い分ける必要があります。一般に、青みが強いほど5チャクラに近く濃紺になるほど6.5チャクラに近づきますが、昨今では染められている石も多く、見た目では判断できないので、ペンジュラムを使って判定します。

ラピスに限らず、多くの石が染められているのですが、見た感じではわかりません。また、熱処理によって色を変化させているものも多く、もはや見た目の色では判断がつかないのが現状です。

そういうわけで、パワーストーンを扱うには、ペンジュラムが必修なのです。

第7チャクラ

パワーストーンの色：紫　透明　（7チャクラ）
マジェンダ（薄い紫ピンク）（8チャクラ）
主なパワーストーン：アメジスト　チャロライト　スギライト　水晶　（7）
ピンクアメジスト　クンツアイト　（8）
主な機能：想像力　インスピレーション　（7）
慈悲　不特定多数の人に対する慈しみ　（8）
肉体：頭（脳）

第7チャクラは人生に必要な現実的な直感をもたらす

第7チャクラが関連するのは、想像力（イマジネーション）と直観力（インスピレーション）です。空想したりイメージする力と、ピンとひらめく力です。どの分野でも、成功している人にはこのチャクラが強い人が多いようです。

スポーツ選手といえば、第1チャクラが強いイメージですが、傑出したアスリートは第7チャクラも強い人が多いのです。たとえば、サッカーなどボールがどこに飛んでくるのか、次にどこに走ればいいのか、理屈を超えて直感的にわかるのかもしれません。有名なリオネル・メッシなど、驚異的な第7チャクラの持ち主です。

マユリのダウジング講座では、有名人のチャクラを遠隔でみる授業があります。日本でも、大谷祥平さんや羽生結弦さん、内村航平さんといった、たいへん成功しているアスリートは、やはり第7チャクラがたいへん強く、もはやサイキックの域かもしれません。

第7チャクラのインスピレーションといっても、霊能力のようなきわめて特殊なものではなく、現実的に人生に役立つ直観力なのです。すぐれた経営者や、芸能人、芸術家にもこのチャクラが強い方が多いようです。

◆第6チャクラと第7チャクラの直感の違い

「第6チャクラも直感と聞いたことがあるのですが、どう違うのでしょうか？」

第6チャクラの直感は内なる直感です。思考した挙句に内側からポンと湧いてくる……禅的直感といえるかもしれません。それに対して、第7チャクラの直感は外からやってくるもの、いわゆる「降りてくる」というものです。宗教的な啓示やお告げもこの一種です。

チャクラを整えるときは、通常下のチャクラから整えていきます。

第7チャクラが弱くても、第1チャクラが正常に機能していれば、とりあえず生きていけます。生命力と活力があれば、何とか生活できるのです。ところが、逆はありえません。想像力や直感がすぐれていても生命力も活力もなければ、現実社会で生きていくのは困難です。

人生が破綻して死後作品が認められたような芸術家は、こういうタイプが多いのかもしれません。

第6チャクラは判断力をもたらす

第6チャクラが弱くて、第7チャクラが強いとどうなるでしょう?

第6チャクラの機能に、判断力があります。情報を取捨選択する力、いわゆる左脳的な能力です。

第7チャクラが強いということは、パラボラアンテナが大きいとイメージしてください。大きな第7チャクラはさまざまな情報をキャッチするのです。この情報はみえない世界からの情報も含みます。第6チャクラが、入ってきた情報を、必要か必要でないか正しいか正しくないかを判断して、取捨選択するのです。

取捨選択する機能が未熟なのに、アンテナだけが大きければ、押し寄せる情報の渦に飲み込まれてしまいます。不必要な情報や誤った情報に、奔走させられてしまうのです。

このことはチャネリングにもいえます。第6チャクラが未熟な段階で、チャネリングを行うにはリスクが伴います。あとの章で詳しくお話ししますが、みえない世界には危険がいっぱいです。正しい判断力が確立される前に、霊的な情報の海に船出することは、たいへん危険なことを覚えておいてください。

まず、第6チャクラをたかめ、「論理的な思考力」と「自分自身の直感」を高めてから、外からやってくるみえない情報にふれるようにしてください。

このチャクラが過剰だと、妄想癖が出る場合があります。チャクラはあくまでも全体のバランスが大事なので、第7チャクラが著しく発達していても、他のチャクラが、それに耐えうるほど発達していれば問題ありません。他のチャクラに比べて、第7チャクラだけ突出して発達をしている場合には、現実の生活への適応が難しくなります。

第8チャクラと第0チャクラ

ここで、第8チャクラについて、少しお話ししておきましょう。肉体と関係している主なチャクラは7つですが、比較的日常生活に関連しているチャクラとして、第8

チャクラがあります。

頭の上、天使の輪があるあたりにあり、慈悲を表すチャクラです。

第4チャクラの愛は、特定の相手に対する愛着をあらわします。そこには、特定の愛する対象がいて、愛し愛されることを望みます。第8チャクラの慈悲は、不徳的多数の人への愛をあらわし、相手からの見返りは期待しません。西洋風にいうと、無条件の愛といったところでしょうか。何だか宗教的なチャクラですね。

第8チャクラは天のエネルギーが入ってくるところなので、ここが弱っていると天のエネルギーの入りが悪くなり、すべてのチャクラのエネルギー、特に上半身のエネルギーが弱くなります。

同じように、足の裏に0（ゼロ）チャクラがあり、ここから大地のエネルギーが入ってきます。このチャクラが弱ると、全身のチャクラ、特に下半身のチャクラが低下します。

天のエネルギーと大地のエネルギーが滞りなく入ってきて循環すると、その人の気は充実します。この二つのチャクラは、人のエネルギーを考えるうえでたいへん重要なので覚えておいてくださいね。

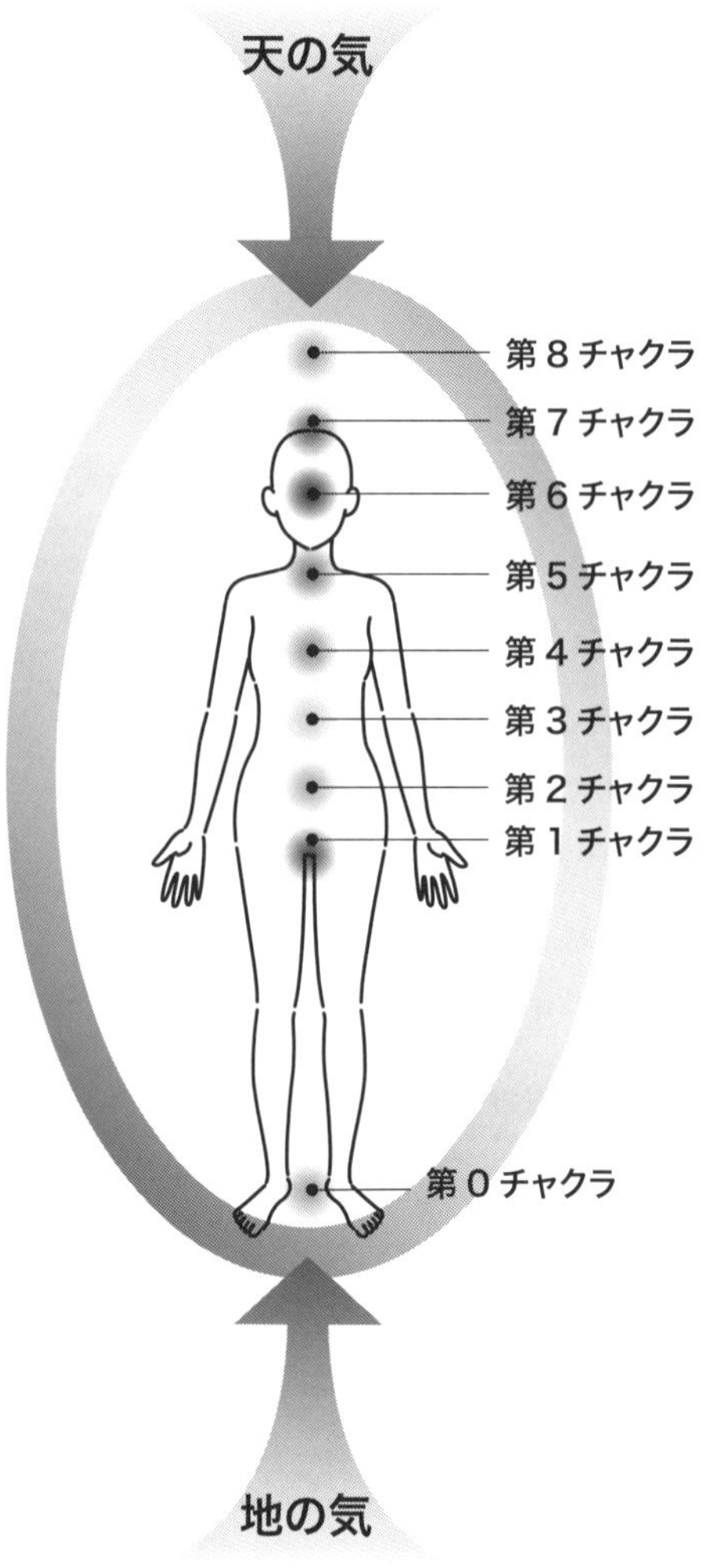

チャクラの特徴と各チャクラに効く石(パワーストーン)

	主な石	特徴	弱いと	過剰だと
第1チャクラ 黒・赤	黒トルマリン・ オブシディアン・ ガーネット・ ヘマタイト	生命力 バイタリティ 競争力 経済力 生き抜く力	体がだるい 実行力がない 人と争うのを 避ける	攻撃的 なんでも人のせ いにする 反省しない
第2チャクラ オレンジ	ルビー・ 珊瑚・ サンストーン・ オレンジカーネ リアン・ ムーンストーン	喜怒哀楽 感性 セクシュアリ ティ	感情がとぼしい 心から楽しめな い 生理痛	気分がコロコロ 変わる ヒステリック 享楽的 中毒癖
第3チャクラ 黄色 (3と3.5)	シトリン・ ルチルクォーツ・ マラカイト・ モルダヴァイト・ ペリドット	自我 アイデンティ ティ 信頼	自信がない 人の言うことに 左右される 人の顔色をみ る	自信過剰 我が強い 他人に対して支 配的(命令的) 協調性がない
第4チャクラ 緑・ピンク (4と4.5)	ローズクォーツ・ モルガナイト・ インカローズ・ アベンチュリン・ トルマリン	一体感 愛 信頼	孤独感 虚無感 さめている 冷酷	愛憎が激しい 嫉妬深い 盲目的に愛する
第5チャクラ 青	アクアマリン・ ラリマー・ ターコイズ・ クリソコーラ・ クリソプレース・ ブルートパーズ・ カルセドニー	コミュニケー ション 自己表現 言葉で表現 する 意志	言いたいことが うまく言えない 自己抑圧的	おしゃべりだが 何を言っている のかわからない
第6チャクラ ロイヤルブ ルー	ラピス・ サファイア・ タンザナイト	思考力 理性 深く考える	論理性がない 主観的 考えがまとまら ない	理屈っぽい 分裂気質
第7チャクラ 紫・透明 (白)	アメジスト・ クンツアイト・ 水晶	インスピレー ション 霊感	自分以外のもの を信じない 想像力が弱い	自分の世界に はまる 妄想癖がある

霊障を受けると第7チャクラは下がる

霊障を受けると第7チャクラは下がります。本来第7チャクラが強い方が、突然下がってしまった場合、霊障を受けた可能性があります。

第7チャクラに限らず、そのチャクラの近辺に、強力な邪気や霊障があると、チャクラのエネルギーが吸い取られて弱ります。ただ、第7チャクラに限り、全身のどこに霊障を受けても、弱る傾向があります。

第7チャクラは霊的な影響と密接に関わっているのです。

チャクラが突然下がるのは、霊障か病気の可能性があるということなのです。

第7チャクラの主な石は、アメジストと水晶です。この石は第7チャクラを活性化するだけでなく、オーラ全体の浄化にも効果的です。

第7チャクラは、良くも悪くも見えない世界と密接に関連しているのです。

7つのチャクラと人間の発達段階

チャクラの発達段階を、人の発達段階でみてみましょう。今までの復習です。

第1チャクラで、人は初めてこの世にやってきます。この段階では、存在すること自体が目的です。あるためにあるのが第1チャクラなのです。

第2チャクラで、人は外界に反応する術を身につけます。眼、鼻、口、耳、味、触覚―五感を通じて、外界を知覚することを覚えます。感覚を得たことによって、感覚で得たものに対する心の反応―感情が芽生えます。きれい、汚い、心地いい、気持ち悪い、うれしい、不快……。まだこの段階の感情は、反射的で、単純です。

意識はありますが、はっきりした自我はまだありません。第3チャクラで、自我が芽生えます。人は、初めて自分という存在を意識して、同時に他人という存在も意識します。いっきに世界が広がるのです。

第4チャクラで人は愛を知ります。同じ種である人間と、心の深いところでつながりあえることを知るのです。人は一体感からくる多幸感を知ります。

ここから上は、人間特有の精神的な発展です。

第5チャクラで、人は自分の感情や考えを他人と共有できることを知ります。言葉を使うと、心でつながるのに比べて、さらに細かく、具体的に、他人と共有できることをしるのです。

第6チャクラで、人は思考することを学びます。条件反射的な思いや考えではなく、自ら主体的に思索することを学ぶのです。ここで人は、初めて自らの内側に目を向けます。第7チャクラで、人はみえない世界と交流し始めます。彼の世界は、この現実世界だけでなく、はるかに広い領域に広がっていくのです。

こうしたチャクラの発達は、基本的には本人の経験と努力によりますが、パワーストーンは、チャクラの発達をサポートしたり、一時的な不調を改善したりすることができるのです。

◆コラム3◆ 引き寄せの法則とパワーストーン

「引き寄せの法則」とは、自分の身のまわりで起きていることは、すべて自分自身がひき寄せているという法則です。

人は、「なんでこんな目にあうんだろう……」「ああ、私って運が悪い」と思いがちですが、しょせん、すべては自分自身が引き寄せているのです。

実は、パワーストーンでも、なるほどと思わされることがよく起きます。

【ケーススタディ】トンデモ彼氏を引き寄せていた女性

そのクライアントは20代のフリーターの方でした。もともと「自分もいい年だし、ちゃんとした職に就きたい」ということで来られたのですが、お話ししているうちに、借金を抱えていることがわかりました。

この方の彼氏は金使いが荒く、滞納した家賃を立て替えたり、彼女の名義でサラ金からお金を借りたりで、総額150万ほど貸したままになっているというのです。

「サラ金から電話があってお母さんにばれて、別れるように言われたんだけど……でも……別れられないです。好きなんです！　お父さんはこのことを知りません。怖くて言えないです……」

パワーストーンをつけると、2週間から1か月ほどでチャクラが変化し、彼女のエネルギーが変わりました。みるからに雰囲気が変わって、以前に比べて明るくしっかりした印象に変化したのです。

それから、まず転職が叶いました。ある一部上場企業に採用されたのです。この方は、もともと昼はクレープ屋、夜は饅頭屋、朝はコンビニで借金を返すためトリプルワークをしていたのですが、正社員経験はなかったので正直びっくりしました。

しばらくして、ある事件が起きました。新しい職場にときどきやってくる取引先の営業の男性に、彼女が一目ぼれしたのです。

1か月ほどして、異変がありました。

「実は……私のほうから、「今は新しい仕事に集中したいから、距離をおきたい」と彼に告げました。びっくりした顔をしていましたが、とりあえず納得してくれました」

あれほど別れられないといっていた彼女が、自分のほうから別れを告げたというのです。ほかに好きな人ができたら、彼がくだらない男に見え始め、まずこの人と別れなくてはと思ったそうです。

「それから連絡もしていないし、向こうからもありません。あっけないというか……意外にさばさばしている自分にもびっくりです」

その後、取引先の男性は職場に来なくなったそうです。職場でときどき話す程度だったので、連絡先は知らないとのことでした。まるで元彼と別れさせるために現れた男性のようでした。

人間関係は波動の共鳴で起きる

人間関係は、互いのエネルギーが引き合って成立します。お金にだらしない元カレを引き寄せていたのは彼女自身でした。彼女のエネルギーが変わったので、自然と離れていったのです。

エネルギーがつながったまま無理やり別れた場合は、引き裂かれるようにつらいのですが、もうエネルギーが切れてしまっていたので、それほど痛みを感じなかったのです。

経験的に、石をつけてエネルギーが変わった場合、三つのパターンがあります。

①自分が変わったので、相手も自然と変わる
②相手との縁が切れたので、相手がいなくなる

③自分にも非があったと悟り、自分が変わる

深いつながりである場合、自分のエネルギーが変わると自然に相手のエネルギーも変わります。第2チャクラのところでお話した、セックスレス夫婦の場合はこのパターンでした。

そこまで深いつながりでない場合は、相手との縁が切れていなくなります。借金彼氏の場合はこのパターンです。もう波動が共鳴しなくなるので、自然と去っていくのです。

自分にも非があったと悟るのは、本当に本人に問題がある場合だけで、このケースのように「明らかに相手に非がある場合」は、相手が変わるか、相手がいなくなるかのどちらかなのです。

特に、職場での人間関係のように深い関係でない場合は、相手がいなくなることが多いのです。次はその例をご紹介しましょう。

【ヒステリックな上司に悩まされる人】

その方は、某企業で課長補佐をされていました。上司があることを境に人柄が変わってしまい、ヒステリックに部下をしかり飛ばすようになったというのです。パートがどんどん辞めていき、社員の女性も不満たらたらで、彼女のもとに相談に来ます。上と下との板挟みでもう限界、胃の薬を飲みながら仕事していると言います。

この方も石を持つとエネルギーが変わりました。石を持ってチャクラがエネルギーアップすると、胃の調子はよくなり、前ほど落ち込まなくなったそうです。

この方の場合、被害妄想的な側面や事実誤認の要素はなく、問題があるのは上司の側でした。

しばらくして辞令が出ました。別の課で産休を取る人があり、彼女が移動して穴を埋めることになったのです。年度途中での異例の移動人事でした。

そう！　自分のエネルギーが変わったことによって、相手との縁が切れ、相手がいなくなったのです。

どうして、こんなことが起きるのでしょうか？

人間関係は、お互いのエネルギーが共鳴することで、引き寄せ合います。共鳴する間は、磁石が引き寄せ合うかのように、あなたに関わってきます。

ところが、自分のエネルギーが変わると、共鳴していた波動が共鳴しなくなります。磁気が途切れるように、相手はあなたの元から去るのです。相手がいなくなる場合もあれば、このケースのように、自分のほうが去る場合もあります。

どちらにせよ、あなたを苦しめていた相手はあなたの元から去ります。言い換えれば、あなたに苦しみをもたらしていた存在が、あなたの世界から消えるのです。

「自分は悪くないのに、自分のほうが去るっていやじゃないですか？」

この方は、他の課に移ったことによって不利益はありません。給与は同じ、新しい課の上司は温厚で人間関係は良好とのことでした。自分のエネルギーが上がることによって変化が起きる場合は、悪いようにはならないのです。

相手との共鳴の度合いが強い場合は、自分が変わると自然と相手も変わります。「自分に対してずっといやみをいっていた上司が、なぜか言わなくなった」という具合です。

どちらにせよ、「あなたを苦しめていた現象」は、貴方の世界から消えてなくなるのです。

浄化の石

パワーストーンのもう一つの重要な機能が浄化です。一言で浄化といっても、「邪気を浄化する」一般的な意味での浄化から、広義には除霊まで含みます。この章では一般的な浄化についてお話しします。

浄化の石というとまずあげられるのが、水晶とアメジストです。

水晶は二酸化ケイ素が結晶してできた鉱物です。ケイ素は地球の地殻（地表）の約27％をしめ（酸素が46％）、我々人類が生息する地表の主成分ともいえる物質です。地表で最も多い物質・二酸化ケイ素の一形態である水晶が、地表の生き物、人類を浄化するのです。

水晶には、紫水晶（アメジスト）、紅水晶（ローズクォーツ）、黄水晶（シトリン）、煙水晶（スモーキークォーツ）、黒水晶（モリオン）などさまざまな色味があります。
これらは水晶に、微量の内含物が入ることによって色味が変化したものです。
色のある水晶は、対応するチャクラを浄化します。

紫水晶（アメジスト）は第7チャクラ
紅水晶（ローズクォーツ）は第4チャクラ
レモン水晶（レモンクォーツ）は3・5チャクラ
黄水晶（シトリン）は第3チャクラ
煙水晶（スモーキークォーツ）は第2チャクラ
赤水晶（ストロベリークォーツ）第1チャクラ

ちなみに、緑水晶（グリーンクォーツ）は、第4チャクラではなく、第7チャクラを浄化します。こういう例外もあるので、見た目の色で短絡的に選ぶのではなく、波長に基づいて選ばなければならないのです。
「波長に基づいてって、どうすればいいのですか？」

そのために、ペンジュラムがあります。実際に石を持って、チャクラの変化を測定すればわかります。グリーンクォーツを持っても、第4チャクラは上がらず、第7チャクラが上がります。論より証拠なのです。

水晶以外の浄化力の強い石

水晶以外に浄化力の高い石として、第8チャクラのクンツアイトや、第5チャクラのアクアマリン、第4チャクラのアベンチュリンなどがあげられます。ちなみに、アベンチュリンも二酸化ケイ素に微粒子を内含した石です。他に、二酸化ケイ素でできているカルセドニー類も、浄化に用いることができます。アクアマリンはベリルの一種で、二酸化ケイ素類ではありませんが、強い浄化力があります。同じベリル類で有名な石に、エメラルドがあります。

アクアマリンとアメジストの共通項は、どちらも鉄を内含することです。経験的に、鉄を含む鉱石は強力な浄化力を発揮します。

鉄は地球の地表の主成分ではありません。鉄は地核（コア）の主成分です。現代では私たちの身近にあふれている鉄ですが、人類が初めて鉄器を使ったのは紀元前1500年ごろにすぎません。つまり、鉄はたいへんまれな鉱物だったのです。

一般的に、より深部から取れる石はより強度の邪気を浄化することができます。言い換えると、より「重い邪気」を浄化することができるのです。

水を連想してみてください。軽いゴミはすぐに流れますが、重いゴミには水圧が必要です。邪気にも重みがあり、軽いものは比較的簡単に浄化できますが、重いものを浄化するにはパワーが必要なのです。

アクアマリンとエメラルドは同じベリルという石ですが、より深部でとれるエメラルドは、アクアマリンより強度の邪気を浄化することができます。

一般に宝石といわれる石は、いわゆるパワーストーンよりハイパワーのものが多いのですが、注意すべきは「効きめのいい薬は副作用も強い」ことです。波動が強烈なものは、影響力が強いので扱いに注意が必要です。

「でも、エメラルドやサファイアの指輪をつけている人って結構いますよね？　別に何ともないように思うのですが……」

石は持ち主の想念に呼応する

石は、持ち主の想念に呼応する性質をもっています。お客様で、「昔おしゃれ用に買ったアクアマリンのペンダントを、ヒーリング目的でつけたところ、たちまち色が薄くなって濁ってしまった」という方がいました。

持ち主が、「この石で第5チャクラを浄化しよう」と思った瞬間、スイッチが入って、邪気を吸い取って変化したのです。

「石が変化するのですか⁉」

石は邪気を吸うと変化します。そのお話は、次章でさせていただきますね。

透明の水晶は、全身を浄化するとともに、一緒に持った石の波動を増幅させる作用があります。たとえば、第5チャクラを浄化したいときは、第5チャクラの石と水晶を併せ持つと、第5チャクラが浄化されます。この場合、邪気がどのチャクラの近辺にあるのかが、わかっている必要があります。もし、邪気が第4チャクラ近辺にあれば、第4チャクラの石と水晶を併せ持つと浄化できるのです。

「それも、ペンジュラムでわかるのですか？」

はい、ペンジュラムができれば、邪気の場所が特定できます。ペンジュラムは、石を扱ううえで、必須の技術なのです。

波動の強い石でないと効果がない

浄化する場合、最も大事なことは石の波動の強さです。波動の弱いアメジストや水晶では、邪気を浄化することはできません。

洗剤も濃度が大事です。「普通の汚れなら落ちるけれど、がんこな汚れはこれじゃあ無理」ってありますよね。石も、浄化すべき邪気の強さや量によって、必要な波動の強さが変わってきます。邪気、すなわちマイナス波動の強度を知って、それ相応の石を選ぶことが必要なのです。

「それもペンジュラムですか？」

はい。わからない場合は、できるだけ波動の強い石を選んでください。波動の弱いアメジストや水晶をつけても、気休めにしか過ぎないことを覚えておいてくださいね。

◆コラム4◆
なんでも浄化できる石

「マユリさん、これ、なんでも浄化できる石なんですよ」

どんなものでも、たちまちに浄化できる石を持ってきた方がいました。

なんにでも効く薬がないように、なんでも浄化できる石などありません。実際には、邪気の種類や、邪気のある場所によって、必要な石の種類が違います。

「なんでも浄化できるって、いったい、どんな成分が入っているのだろう?」

普通、当然、こう考えますよね。ところが、スピリチュアルなことになると、なぜだか思考が停止してしまう人がいるのです。

第1章のコラムでお話しした「四魂の玉」を覚えていますか? どんな願いも叶えてくれる四魂の玉には、巫女と妖怪の魂が入っていました。「なんでも願いが叶う」と「なんでも浄化できる」。コンセプトが似ていませんか?

◆コラム◆

ご名答！　なんでも浄化ができる石には、巫女と妖……もとい！　神さまのエネルギーを入れてあったのです。

一言で、神さまといっても、いろいろありますよね。どんな神様を入れてあるかといえば、入れた人が信じている神様です。つまり、「この神様はすごい神様だからなんでも浄化できる。だから、この神様のエネルギーを入れたこの石は、なんでも浄化できる」という理屈なのです。なんだか宗教みたいですね。その神様を信じている人にとってはそうなのでしょうか。関係ない人にとっては「いやいや……」の世界です。

けれども、この石を持ってきた方は、何か宗教を信仰しているわけではなく、「そう聞いたから」という理由で、「なんでも浄化できる石」だと思い込んでいたのです。日本人は、本当に人がいいというか、言われたことを素直に信じてしまう傾向があるように思います……。

なんでも鵜《う》呑みにせず、「なぜそうなるのか？」。道理を考えてみることが重要なのです。

そういえば、気功の先生から買った「浄化グッズ」を持ってきた方もいました。「この光をあてるとなんでも浄化できるから、そのパワーストーンを浄化してあげるわ」といって、他の生徒さんのブレスを浄化し始めたのです。

10秒くらい光を当てると、石の中からぼわっと邪気が出てきました。もちろん、マユリ以外にはみえていません。そう！　みえていないのがまずいのです。石の中から出てきた邪気が、部屋中に飛び散ったのです。離れたところに座っていた別の生徒さんが咳をし始めました。

急いで窓を全開にして、部屋を浄化しました。これでは、せっかく塵取りに納まっていた塵を、部屋中にぶちまけたようなものです。もちろん、浄化グッズを使っている本人は、何が起きたのかわかっていません。

エネルギーがわからない人が、浄化グッズを見よう見まねで使うのは危険です。やっぱり、ペンジュラムが必要だわ……という事件でした。

第3章

自分に合ったパワーストーンを選ぶ

パワーストーンの選び方

7つのチャクラと私たちの日常生活との関わりがわかったら、実際に石を選んでみましょう。

パワーストーンを選ぶとき、次の4つが必要になります。

①現実生活に即したチャクラの知識
②石の知識
③チャクラのエネルギーを測定する技能
④その方に合ったパワーストーンを選ぶ技能

このうち、③と④を担うのが、ペンジュラムの能力です。では、具体的な手順を説明しましょう。

最初にカウンセリングを行います。お客様の話をよく聞いて、「何を望んでいるのか」「何が問題なのか」を把握して、チャクラを測定します。

「人前であがってうまくしゃべれないので、第5チャクラのコミュニケーションの石が欲しい」という方が来られたことがあります。

チャクラを測定すると、第5チャクラには問題がなく、第3チャクラが弱っていました。つまり、コミュニケーション能力自体に問題があるのではなく、「まわりの空気を読みすぎて自己主張できない」という第3チャクラの問題を抱えていたのです。

人間は複雑です。コミュニケーションだから第5チャクラ、という短絡的な発想では、問題は解決しません。

必要な石を決める決定的な要素は、ペンジュラムの能力に関わっています。

カウンセリングは、医者でいう問診に当たります。ペンジュラムのエネルギー測定は検査に当たります。カウンセリングも大事ですが、どの石が必要なのかは、あくまでも検査の結果なのです。

ペンジュラムでチャクラを測る

ペンジュラムを使うと、7つのチャクラのエネルギーを測ることができます。目の前にいるお客様を測ることもできれば（対面）離れているお客様のエネルギーを測ること（遠隔）もできます。

ペンジュラムというのは振り子のことで、これを使って、いろいろな波動を測定することができます。人のチャクラやオーラのエネルギーも測定できます。この頃では簡単に入手できるので、使ったことのある方も多いかと思います。

ペンジュラムが動かない方はまれですが、動くからといって答えが合っているとは限りません。その結果、間違った測定結果をそうとは知らず、信じている場合もあり、それでは役に立たないどころか、かえって混乱を招きます。

ペンジュラムは、正しい使い方を知って練習する必要があり、誰もがいきなり合うものではないのです。そういうわけで、パワーストーン講座と並行して、ペンジュラム・ダウジング講座も行うようになりました。

パワーストーンを扱うには、波動がわかることが必須条件です。とはいえ、生まれつき波動がわかる人はひとにぎりにすぎません。けれども、ペンジュラムを使えば、少しの練習で誰もが波動を測定できるようになるのです。

ペンジュラムの正しい使い方は、拙著『速習！ ペンジュラム』をお読みくださいね。

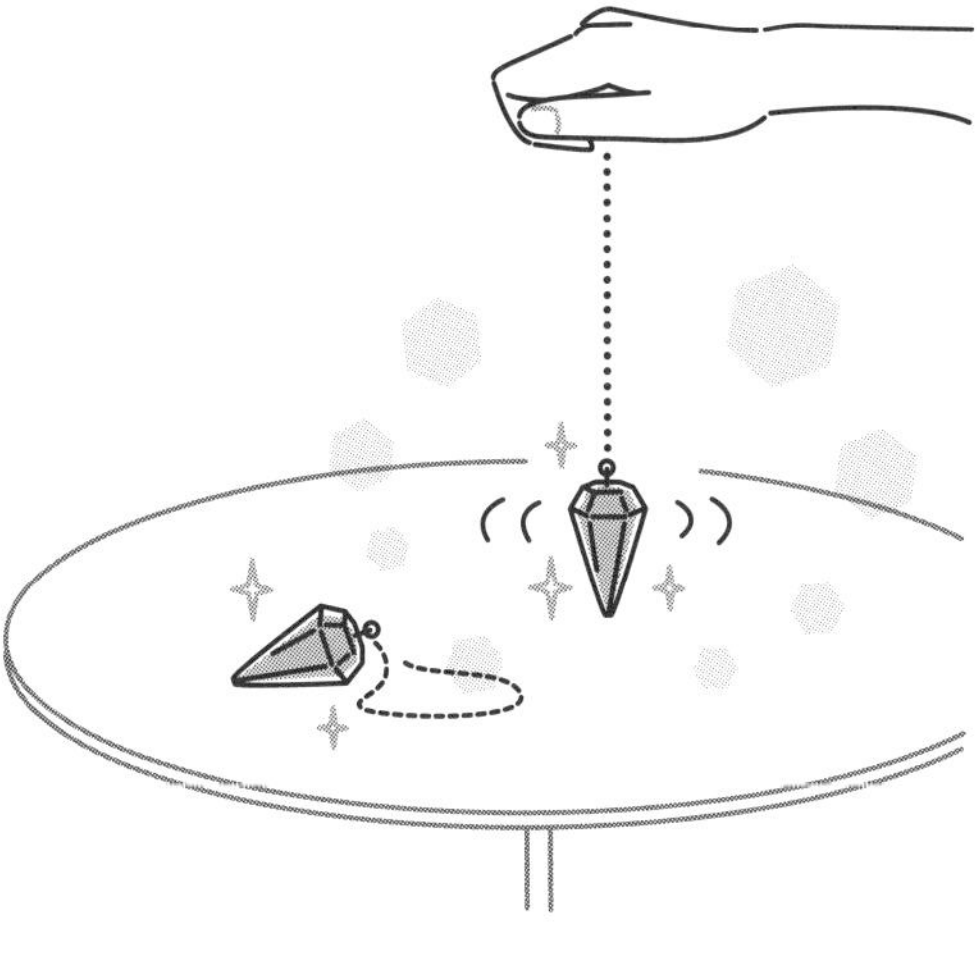

石でチャクラのバランスを整える

チャクラは全体にバランスがとれているほうが、気の流れがよくなって、全身のエネルギーが上がります。

たとえば次ページの図のAさんのように、1、3、5チャクラが強くても、他が弱くて、全体的に強いチャクラ、弱いチャクラがジグザグしていると、全身のエネルギーは弱くなります。

Bさんの場合は、第2チャクラは突出していますが、他は比較的そろっているので、全身のエネルギーはAさんよりも強いのです。

要するに、各チャクラの強弱がバラバラよりも、バランスがとれているほうが、その人の前身のエネルギーは強くなるのです。

「へえ！　一見すると、Aさんのほうが、エネルギーが強く思えたのですが」

実際に石でチャクラのバランスを整えると、お客様は体が軽くなって体調がよくな

Bさんのペンジュラム測定

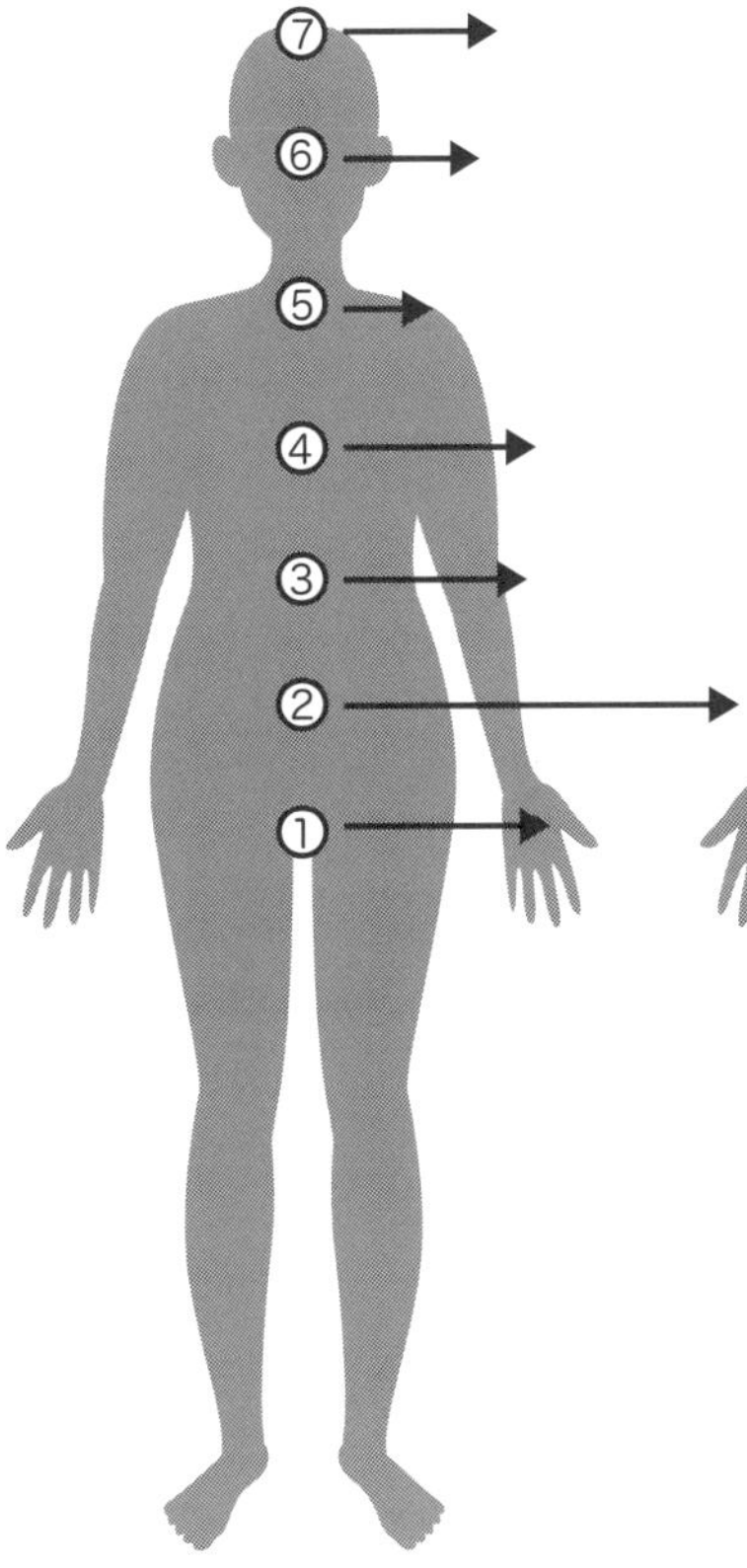

Aさんのペンジュラム測定

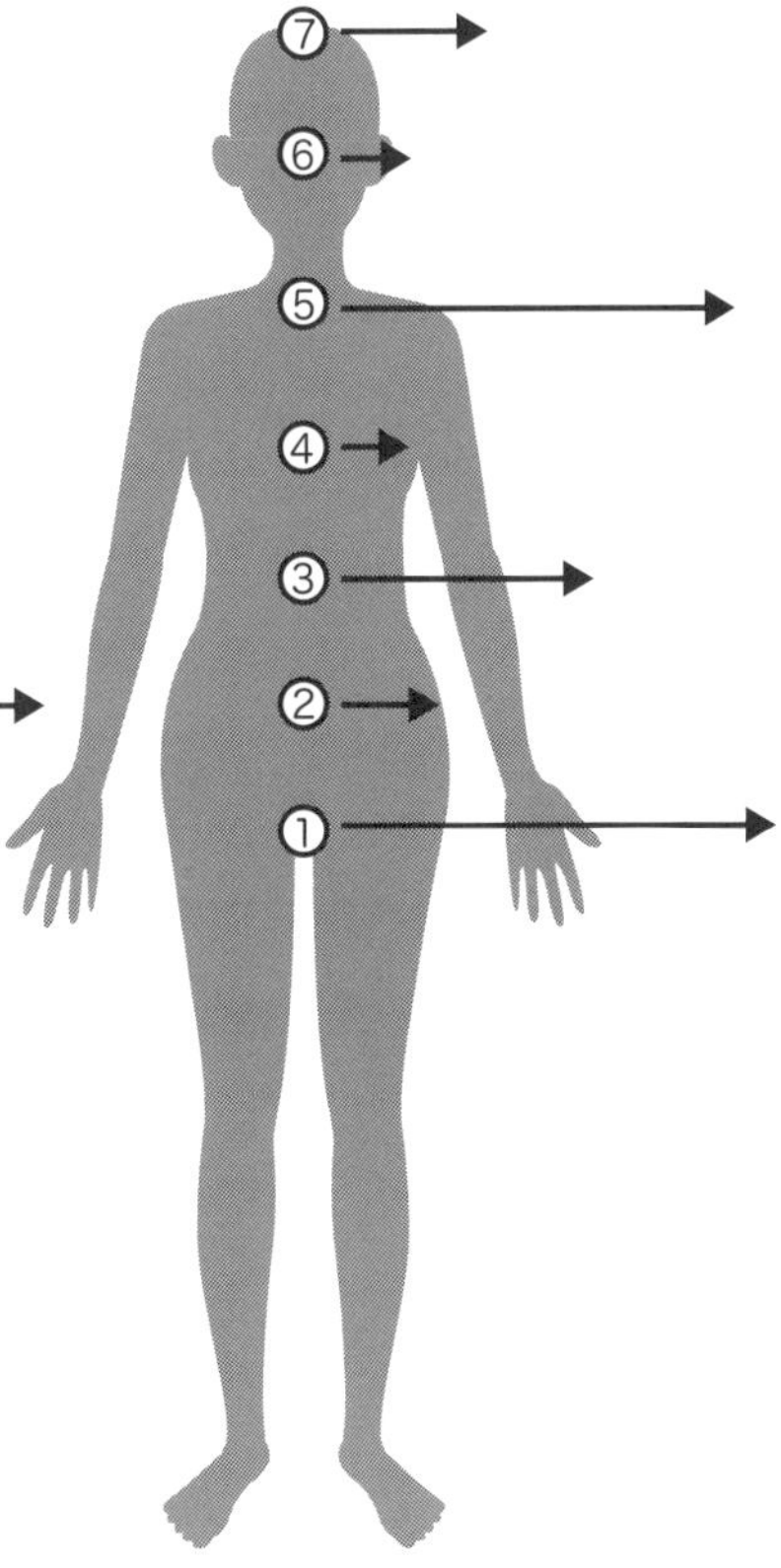

ったのを実感します。論より証拠なのです。

では、どうやってチャクラのバランスを整えるのでしょうか？

Aさんの場合は、弱っているチャクラに対応するチャクラストーンを身につけます。すなわち、2、4、6チャクラの石を身につけるのです。

石を身につけた瞬間、チャクラのエネルギーは瞬時に上がりますが、外すとすぐに落ちます。短時間つけたぐらいではだめなのです。ただ、つけて2週間ほどすると、石のエネルギーがオーラの中に溶け込み、石を外しても元に戻らなくなります。変化を起こすには持続してつける必要があるのです。

変化のためにはどのくらい期間が必要かはケースバイケースですが、一般的には早くて3日、長くて1か月ほどです。2週間ぐらいが最多数でしょうか。

実際には、石をつけた瞬間にチャクラは上がっているのですが、それを実感するのは波動に敏感な方だけで、通常はわかりません。

けれども、一定の期間つけ続けて、永続的にチャクラが上がると、誰でも変化を実感するのです。

たとえば第5チャクラの場合は、「肩が軽い」「喉が詰まったような感じがなくなった」「以前に比べて言いたいことが言えるようになった」などです。特に、咳が出るなどの身体症状がある場合は、客観的にみて明らかに緩和されるので、変化を実感します。

過剰なチャクラを調整する

では、Bさんの場合はどんな石が必要でしょうか？　129ページの図をみてください。

Bさんの特徴は、他のチャクラにくらべて突出して第2チャクラが強いことです。このように、あまりにも突出している場合、いい意味で強いのではなく、過剰であることを示しています。

第2チャクラが過剰だと、感情の機微が激しく、切れやすかったり、ヒステリックになることがあります。

では、過剰な第2チャクラを調整するには、どうすればいいでしょうか？　答えは簡単です。第2チャクラの石を持てばいいのです。

「え？　そうしたら第2チャクラがもっと強くなりませんか？」

石は、チャクラの機能を活性化するもので、活性化されると、弱っているチャクラは強くなり、過剰なチャクラは弱くなります。

その結果、全体のバランスがとれて気の循環もよくなります。

過剰というのは、循環が悪く、本来他のチャクラに行くべきエネルギーがそこで滞っている状態、いわばチャクラの便秘状態なのです。

石を持つと、「弱いところが上がり、過剰なところが下がり、全身のバランスがとれる」と覚えておいてください。

実際、第2チャクラが過剰でなくなると、感情の機微が穏やかになります。決して、我慢して穏やかになるのではなく、本当に「イラッ」ときたり、切れることが減るのです。

今、ここで紹介しているのは、ペンジュラム・ダウジングの初級レベルの技能ですが、マユリが石を選ぶときは、もっと細かいリーディングをします。

ペンジュラム・ダウジング上級レベルになると、次の点から肉体とオーラの両方でみて、石を選びます。

①チャクラのエネルギー
②邪気のある箇所
③天の気、地の気の流れ
④エネルギーブロックの場所
⑤霊障がある場合、その場所と種類

細かくリーディングすればするほど、大きな効果が望めるのはいうまでもありません。興味のある方は、マユリの「ペンジュラム・ダウジング講座」を受講してみてくださいね。

ペンジュラムでその人に合った石を選ぶ

ここで初級レベルでもできる、簡単な測定をご紹介しておきます。

チャクラの前にペンジュラムを持ってくると、チャクラのエネルギーが表れますが、手のひらの上にもってくると、その人の全体の気が表れます。

手のひらからは、その人の全体の気が出てくるのです。

結果、チャクラのバランスが整えば整うほど、手のひらの気は強くなり、ペンジュラムが勢いよく回ります。測定するのは、右の手のひらでも、左の手のひらでも構いません。

試しに、両手の手のひらの気を測定してみてください。左右比較的そろっている人もいれば、かなり違う人もいます。左手のひらの気が極端に弱い場合は、左腕や左半身になんだかのトラブルがあります。右も同様です。

このようにペンジュラムができれば、簡単に自分やお客様に合った石を選ぶことができます。ただ、ペンジュラム自体は回るけれど、合っていない状態ならかえって混乱します。まずは、正しいペンジュラムの習得を心がけてくださいね。

二人一組で行います。

1　Aさんの右手のひらから出る気を、Bさんがペンジュラムで測ります。

手のひらはエネルギーが出たり入ったりするところです。まずは何も持っていない状態で、右手のひらの気の強さを測ります。ペンジュラムが大きく回るほど強い気です。

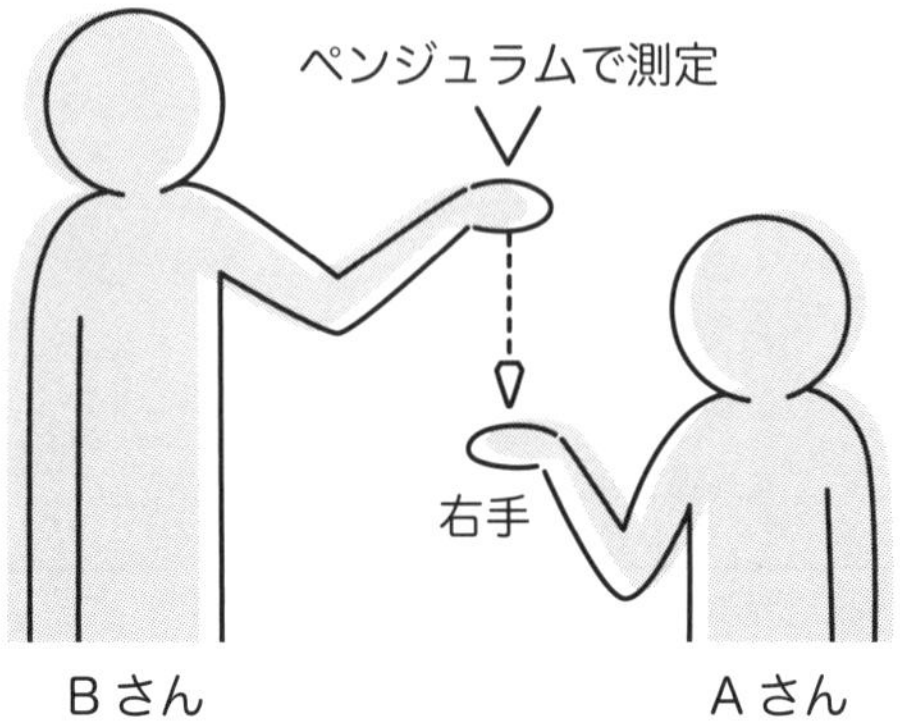

２　次に左の手のひらにパワーストーンを置きます。ちゃんと手のひらの真ん中に置いてください。真ん中に、エネルギーが出入りするチャクラがあります。

石の波動が手のひらのチャクラからオーラの中に入ってきます。石の波動が合っていれば、あなたの波動が上がります。

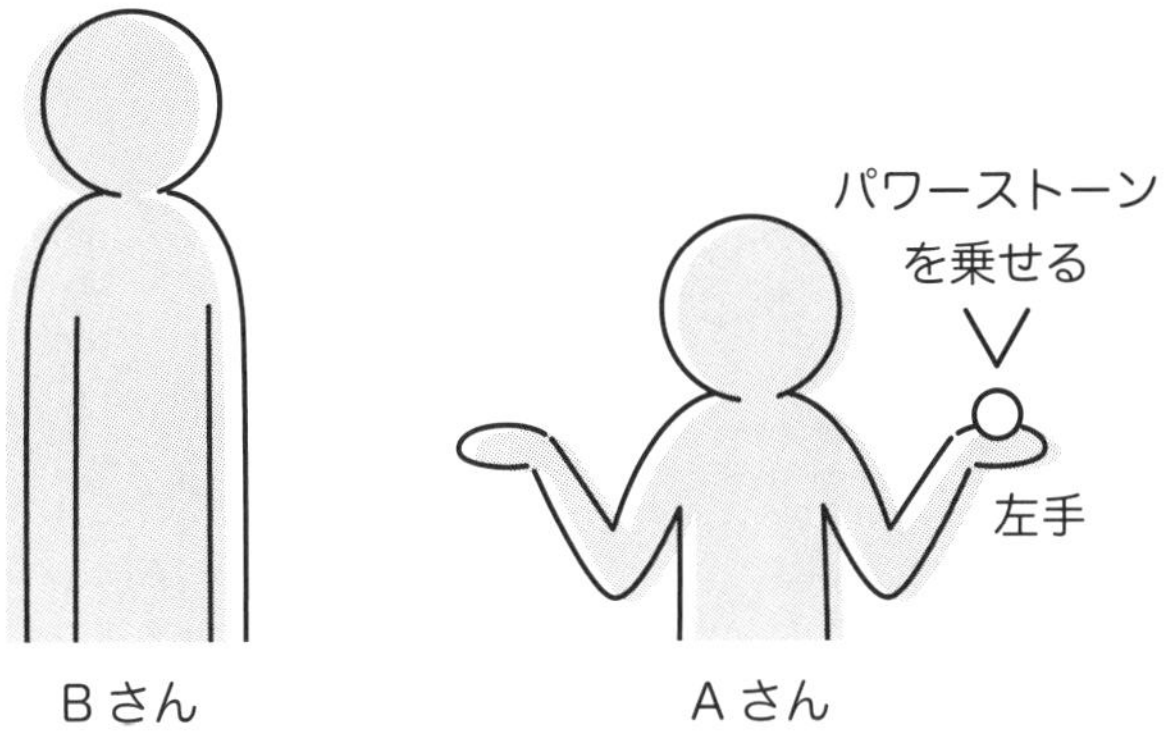

3　再び右手のひらの気をペンジュラムで測ります。さっきより大きく回ったら、その石はあなたに合った石です。パワーストーンを持つことによって、気がパワーアップしたのです。

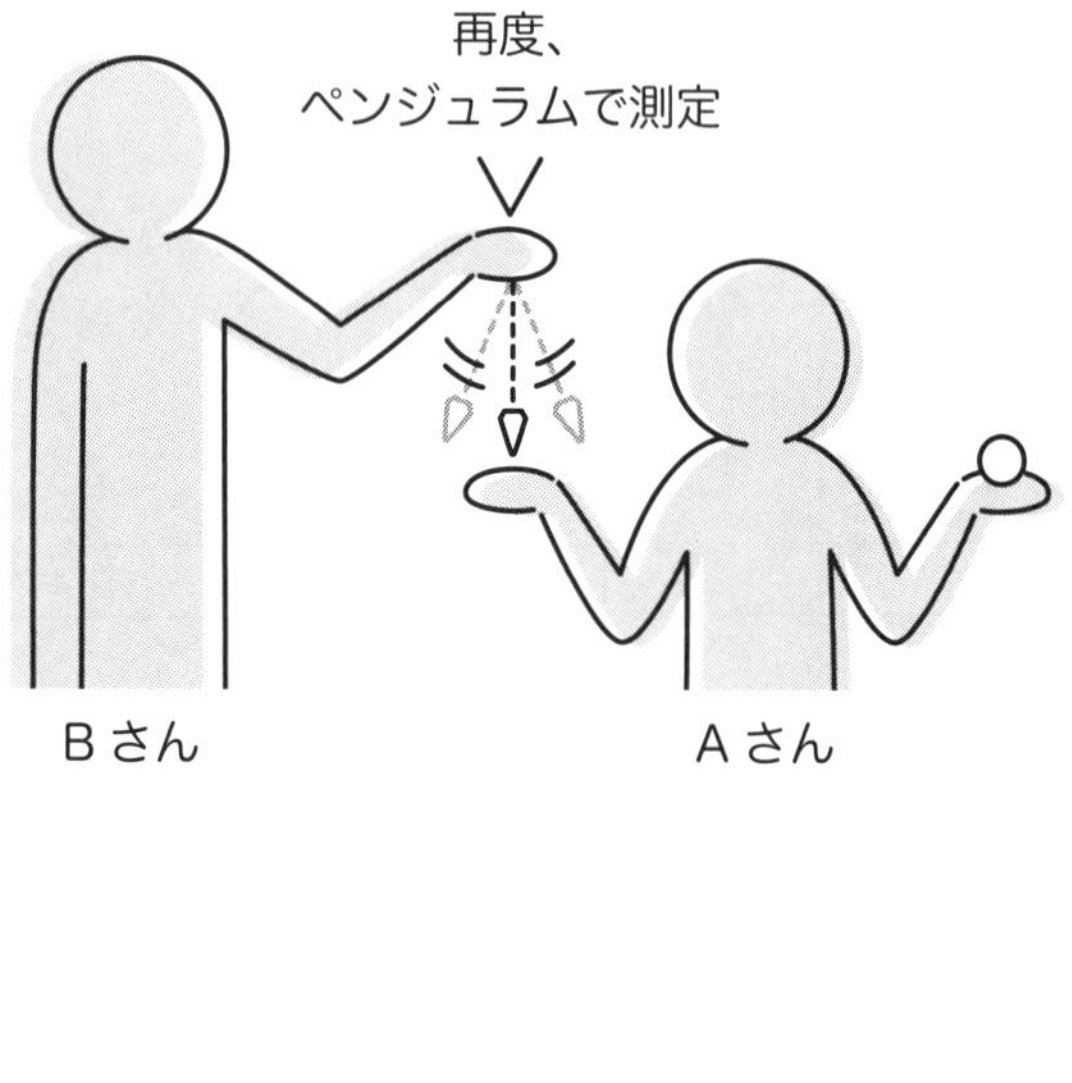

食べ物に食べ合わせがあるように、パワーストーン同士にも、個別に使うとよい石でも、一緒に使うことによって、かえってエネルギーが下がってしまう組み合わせがあります。

そういう場合も、もし二つ同時に持たせて手のひらの気が下がったら、その組み合わせはよくないのです。

なんであれ、手のひらの気が上がれば、その石を持つことによって、その人のエネルギーは上がることを示しています。この測定法は、いろいろと応用が利くので、ぜひやってみてくださいね。

第4章

パワーストーンの身につけ方と好転反応

パワーストーンブレスのつけ方

波動療法としてのパワーストーンには、つけ方にも一定の決まりがあります。波動療法ですから、石の波動に長時間さらされているほど効果が出ます。つけたりつけなかったりでは、薬を飲んだり飲まなかったりするのと一緒で、本来の効果がでません。

かばんの中や机の上に置くのではなく、ご自身の身につけてください。素肌に密着させる必要はありませんが、体から離しても効果が薄れます。体から10cm以内のところにつけてください。これは、東洋医学でいう経絡の走っているところで、この中だと石の気が取り込まれやすいのです。

効果が出るまでには、1週間から1か月くらいかかるので、その間、根気よくつけ続けてくださいね。

チャクラストーンをつけると、その瞬間チャクラは上がりますが、外すと元に戻ります。1週間、2週間とつけ続けると、石の波動があなたのオーラに取り込まれ、外しても元に戻らなくなります。

以上が、基本的なつけ方ですが、よく出る質問にお答えしておきますね。

Q「お腹が痛いので、石をお腹のポケットにいれていいですか？」

ブレスを手首につけるのには意味があります。

手首には、エネルギーの出入り口（小さなチャクラ）があり、そこから気が入って全身を巡るのです。ペンダントをつけるのは体の中心線には任脈という大きな経絡が通っていて、そこから気が入るからです。

指輪はどうでしょうか？　指の経絡は頭部や胸部につながっているので、指につけた石の波動は胸や頭に流れていきます。人類が昔からアクセサリーとしてつけてきた場所には、ちゃんと意味があるのです。

まずは、決められた位置に装着して、プラスアルファーで、痛みやトラブルのある近くに石を持つのは大丈夫です。

Q「服の上ではなく、肌に直接触れるのがよいですか？」

波動は、衣類を通過するので問題ありません。ただ、アルミホイル、ゴム、ビニール、ガラスなどは波動の通りが悪いので、気をつけてください。

また、磁石も気の流れをゆがめるので、一緒につけるのはＮＧです。

Q「寝るときは外していいですか？」

睡眠中は、波動が入りやすくなるので、極力、つけてくださいね。

パワーストーンの浄化の仕方

ヒーリング目的でつけると、石は傷みます。石が自分のエネルギーを人に与えて、癒やしてくれているので傷むこと自体は悪いことではありませんが、マメに浄化すればかなり防止できます。

最も安価で、なんでも浄化できる万能の方法は、水です。ボールに水を入れて、石がすべて浸かるようにします。ちょろちょろでいいので、水は必ず出しっぱなしにしてください。溜めた水では浄化できません。30分から1時間ぐらいで邪気が流れていきます。

なぜ、溜め水はNGなのでしょうか？

ひどく邪気を吸った石を洗面器に水を入れて、つけっぱなしにしていたことがあります。石から流れ出た邪気は、まず洗面器の水に広がります。洗面器の水のキャパをこえたら、部屋中に広がり始めたのです。

必ず流水で浄化してください。そうすれば、邪気は水と一緒に流れていくのです。

Q「ホワイトセージはどうですか？」

石を浄化するものに、ホワイトセージがあります。燃やした煙でいぶして浄化するのです。

実は、どの程度浄化できるのか、実験してみたことがあります。部屋が白くなるほどセージを焚いて、邪気が消えているかどうか実験してみたのです。

一般的な邪気や人霊はいなくなっていましたが、いわゆる魔物はまだいたのです。

「え？　魔物って？」

それは、のちほどお話ししますが、とりあえずここでは、水は、邪気も人霊も魔物も浄化できると覚えておいてください。

Q「音叉《おんさ》・浄化スプレー・エネルギーワークでの浄化」

音叉や浄化スプレー等の浄化も、難しいものがあります。メーカーによって品質が違い、中にはかえって石が傷んでしまうものもあります。印を切って特殊なエネルギーを入れてある音叉やスプレーも出回っているので、注意が必要です。

レイキやエネルギーワークで浄化することも、合わないとかえって石が傷んでしまうので、気をつけてください。

パワーストーンの好転反応

波動の強いパワーストーンをつけたとき、「石の好転反応」が起こることがあります。好転反応は個人差があり、全く感じない人から、かなりしんどい人までいろいろです。

よくあるのが「久しぶりに水泳をしたあとのような気だるさ」で、石をつけた翌日から数日間だるくなります。いわゆる「石酔い」と呼ばれているものがこれです。ほとんどの場合は、1日から数日で消えていき、そのあと、すっと体が軽くなって体調がよくなり、快方に向かいます。

以上は一般的な好転反応ですが、浄化系の石の場合は、人によってはまれに強い好転反応が出ます。

【好転反応の症状】

吐き気、頭痛、風邪のような症状が出たり、けん怠感を感じたりします。好転反応は、石の波動が邪気を浄化しようとして起きるので、次のような場合に起きます。

①邪気がひどい
②石の波動が強い
③つけている人が波動に敏感

オーラと肉体は同期しているので、オーラを浄化すると体もデトックスされます。これは、石の波動で体に溜まった邪気が浮いて出て排出されるのです。

たとえば、第5チャクラを浄化すると、咳や痰が絡んだりします。
第2、3チャクラの場合は、お腹を下すことがあります。
第6チャクラの場合は、目が充血して赤くなる人もいます。
第6、7チャクラだと、頭痛がしたり、頭がボーッとします。
第3チャクラだと、ムカつき、吐き気が来ます。

手足に邪気が溜まっている方は、その部分に湿疹や赤みが出たり、邪気が溜まったところに痛みを感じたり、邪気が出ていくときに足がつる場合もあります。これも、石の波動が邪気を引き抜こうとしてなるのです。

石で好転反応があるといわれても、ピンとこないかもしれません。マユリが体験した好転反応をご紹介しましょう。

石の好転反応の症例「オーラを浄化すると体もデトックスする」

20年ほど前のことですが、「国家資格を目指しているのだけど、体がだるくって集中力が続かなくて困っている」という若い女性が来られました。

第3チャクラのあたり、具体的には肝臓のあたりがすごい邪気だったので、第3チャクラを浄化する石を持ってもらいました。

好転反応のお話をすると、「ぜんぜん、なんともないですよ〜」最初はそう言っていたのですが、数日後に下痢が始まったのです。

よほど波動に敏感な方でないと、つけてすぐ感じることはありません。好転反応が現れるのは、早くて翌日、通常数日してからです。石の波動で浄化のスイッチが入ってから、体感するレベルまで達するには時間がかかるからです。

「下痢で2日で2キロ痩せました。でも、それから変化が起きたんです！」

「わたし、片づけられない人だったんですが、急に「ああ！ こんな汚い部屋いやだ～！」って思って……まだお腹がゆるかったんですけど、5日かけて断捨離したんです！」

この方に限らず、本人を浄化すると、自然とお部屋も浄化したくなります。今まで平気だった汚部屋が急に居心地が悪くなり、掃除し出すのです。

人は、無意識に、自分のエネルギーに相応しい空間にいようとします。本人をそのままにしておいて部屋だけ片づけても、日にちが立つとまた散らかり始めますよね？ そう、部屋とオーラは同期しているのです。

1か月たって、見違えるように顔色がよくなっていました。肝臓あたりにあった黒い邪気の塊もきれいになくなっていました。下痢と一緒に出ていったのです。

「実は、十代の頃鬱《うつ》になって……5年くらい心療内科のお薬を常用していたんです。もしかしたら、それで肝臓が荒れていたのかもしれません」とのことでした。

けん怠感も取れて、前よりも試験勉強に集中できるようになったとのことでした。

このように、石はメンタルと肉体、両方に作用するのです。


好転反応は、通常、石をつけて翌日から数日後に始まり、2、3日~2週間くらいで収まりますが、期間や強度は個人差があります。

好転反応を通り過ぎると、すっと体が軽くなり、何よりも本人がよくなったことを実感します。「体が軽い」「気持ちも明るくなった」「痛みが緩和された」などを実感するのです。

人を癒やすと石は変化する

あまり知られていないのですが、ヒーリング目的で石をつけると、石は変化していきます。石が持ち主のために自分のエネルギーを使い果たしたり、持ち主の邪気を吸ったりすることで変化が起きます。

◆石の変化①　石の色が薄くなる

つけている人が、石のエネルギーを吸い取ると石の色が薄くなります。もぎたてのオレンジを搾り取るように、人が石のエネルギーを吸い取るのです。

濃い紫のアメジストが薄紫になるなど……一瞬で劇的に変わることもありますが、通常は、毎日少しずつ変わっていきます。

◆石の変化②　石が曇ったり、黒い反転が出る

石は邪気を吸うと、輝きが失せて曇ります。邪気がきついと、白く濁ったり、黒い斑点が出たりします。空気清浄機のフィルターが汚れを吸っていくように、石に邪気が溜まっていくのです。

霊障が絡んでいる場合、石の傷み方が激しくなります。丁寧に使っているにも関わらず、刃物で入れたような切り傷が現れたり、石が欠けたり、割れたりします。

「それって、ぶつけたり、落としたりしているのでは？」

初めて見たときは私もびっくりしましたが、数百人のお客様にそういうことが起きたのをみてきました。その中から、いくつかのケースをご紹介しましょう。

【ケース1】石が真っ二つに割れた！

20年ほど前に、来店された方です。

「鬱を患い、仕事を休職していたんですが、だいぶよくなって気晴らしに大阪に来ま

した。記念にパワーストーンを買って帰りたいんですけど、必要な石を選んでもらえますか」

みたところ霊障があったのですが、初対面でしたのでそのことは触れずに、活力が出るように第1チャクラの石を買って帰られました。

帰宅されて、メールが来ました。「机の上に置いて寝たんですが……。起きたら真っ二つに割れていたんです！」

真っ二つ……実は、このレベルの破損が起きる方の場合は、単なる邪気ではなく霊障が絡んでいるのです。

霊体は波動の強い石を嫌います。何とかして石をつけさせないように、邪魔をしてくるのです。「ブレスが切れたり」「石がなくなったり」「石が割れたり」。要するに、なんとかして石をつけさせなくしてくるのです。

私も、初めて見たときはにわかに信じられない気分でしたが、同じような経験をいろいろなお客様からうかがって、事実として認めざるを得なくなったのです。

今は、20年も前のことなのでご紹介しましたが、当時は、守秘義務があるので他のお客様のことはいっさいお話ししていません。にも関わらず、似たようなことが繰り返し起きるのです。

【ケース2】どうしても石がつけられない人

首が痛くて、石を買いに来られた方がいました。

「首に痛みがあって、パソコンが苦痛なんです。転職したくないんですけど、このまじゃ、とてもじゃないけど続けられません……」という方が来られました。

この方も、首の左横に霊障がありました。本人には伝えていません。第5チャクラを浄化するために、アクアマリンを買って帰られました。

ところが、数日後に、新しいアクアマリンを買いに来られたのです。

「あのブレス、帰りにカフェに手提げバッグごと忘れてきてしまい、取りに戻ったんですが、もうなかったんです……涙」

それから数日後また来られ、

「ブレスが切れてしまったので、つないでもらえますか？」

それから数時間後メールが来ました。

「駅から自転車に乗ってるとき、ハンドルにブレスを引っかけてしまい、バラバラになって側溝に落ちたんです。拾おうとしたんですけど、側溝には金属のカバーがかけてあって、開きませんでした（涙）……」

まるで、石を外したい霊体と、石をつけたい本人との根比べです。

霊体は、波動の強い石を嫌います。自分が浄化されたくないからです。なので、石をつけないよう、徹底して邪魔してくるのです。

【ケース3】無意識に石を捨ててしまう

「確かにつけて寝たと思ったのに、朝起きたらなくなっていたの。念のため部屋中探したんだけど……」

数か月後にベランダを掃除していると、植木鉢の後ろからパワーストーンブレスが出てきたのです。

「窓を開けて寝ていたので、寝ている間に、無意識に腕から外して放り投げたんだと思う……」一人暮らしなので、ご自身でやったとしか考えられないとのことでした。

本人の意識が眠ったときに潜んでいた憑依霊《ひょういれい》が出てきて、邪魔な石をどこかにやってしまうことがあります。この方のように、本人は覚えていません。

夢で「その石を外せ」と言われたり、まれに、起きているときに「外せ」という声が聞こえた方もいました。

【ケース4】憑依霊がチャネリングに介入してくることがある

気をつけなければならないのは、チャネリングで「石を外すよう」に言われることです。

霊障がある方や霊障のある場所でチャネリングをすると、憑依霊が介入してきて守護霊や守護神のふりをして、「石を外すように言ってくる」ことがあるのです。

タロットやペンジュラムでも、憑依霊が介入してきて、自分たちに都合のいいように誘導してくることがあります。

「どうすればいいのでしょうか？」

答えをチャネリングや占いに丸投げするのではなく、それは参考程度にして、自分自身でしっかりと考えることが大事です。

【ケース5】石を見ると気分が悪くなる

ときどき、せっかく石を買って帰っても、「なんだか石を見ると気持ち悪くなって、つける気がしない」といって、つけない、またはつけられなくなる方がいます。

憑依されている人は、憑依体の感情や痛みがつたわってきます。憑依霊が石が嫌だと思っているので、自分にも同じ感情が湧いてくるのです。

サロンに来られた方で、こういう方もいました。

「すいません、その黒い石が気持ち悪くって見ていられないんで、どかしてもらっていいですか。」

実際は、黒ではなく綺麗な紫色のアメジストだったのですが、この方には黒い不気味な石にみえるようです。冗談のような話ですが、本当の話なのです。

【ケース6】親しい人が突然石を外せと言ってくる

親しい人がいきなり「石をつけるな」と言ってくるケースもあります。

これは、憑依霊が、その人に影響力のある人に憑《つ》いて、石をつけるのを辞めさせようとするのです。もちろん、普段からパワーストーンに否定的な考えの方の場合はこの限りではありません。普段はそんなことは全くないのに突如反対したり、反対の仕方がヒステリックな場合は、霊障が絡んでいることがあります。

霊障がある場合、石をつけるのを邪魔します。あの手この手で邪魔をしてくるのです。心して、一定期間つけきるようにすることが大事です。

「負けずに、石をつけきるにはどうすればいいのですか？」

まず、「なくさないように」注意することです。

カフェに置いてくるとか、ハンドルに引っ掛けるとかは、ある程度本人が気をつければ避けられます。ボーッとしていると、持っていかれます。本人の自覚が大事なのです。

きわめて当たり前ですが、その当たり前のことが、最も重要なのです。「細心の注意を払うこと」。そして、万一なくした場合は、変わりのものを身につけてください。

机の上の石が次々に真っ二つに！

マユリ自身の経験でも、石が真っ二つに割れたことがありました。これは寝ている間に起きたのではなく、起きているときの話です。

セッションに、強い霊障をお持ちの方が来られました。本人には霊障という自覚はありません。

ふとみると、目の前の机の上に置いてあったペンジュラムが真っ二つに割れていました。マラカイトのタンブルも真っ二つでした。それを使ってヒーリングをしたのではありません。ただ机の上に置いてあっただけで、その方が来るまでは問題なく使えていたのです。

そのお客様は、「サロンにいるとき頭がガンガン痛く、外に出ると治った」とのことでした。これは彼女に憑いている霊体が、石の波動に苦しんでいるからです。憑依があると、霊体の苦しさが宿主に伝わってきます。

霊障のある人は、波動の強い石に近づくと、、頭痛や、吐き気がしたり、猛烈な眠気に襲われたりするのです。

「でも、どうして真っ二つになったのでしょうか？」

石の波動と、その方に憑いている霊体が戦ったからです。石が割れるというのは、石がが負けている状態です。力が拮抗している場合も石が割れます。

何も触ってないのに、置いてあるだけで石が割れる……こういうことが、何度かあったので、今は、石は外に出さずにしまってあります。

別のお客様ですが、

「旅行から帰ってから、毎日のように悪夢をみるんです」と言われるので、アメジストを枕の下に入れて寝るようにおすすめしたところ、ある朝起きると、枕の下でアメジストが粉々になっていたのです。けれども、それ以来悪夢はみなくなったということでした。

これは相打ちの状態で、邪気を浄化して石も力尽きたのです。

もちろん、こういう現象は、強い霊障のある方にのみ起こり、ほとんどの方には起きません。でも、ここに書いていることは、実際に、繰り返しマユリが体験したことなのです。

根拠のない迷信を信じてはいけない

よくいわれる「石がなくなるのは役割を終えたから」は迷信です。

事実は「強い霊障がある場合は、石はなくなる」のです。迷信に惑わされてはいけません。これ以外にも、石にまつわるウンチクは、合っていることもあれば間違っていることも多々あるので、安易に信じないでください。

この章は、石の好転反応と、霊障のある方が石を身につけようとするときの反作用についてお話ししました。

「霊障って本当にあるのでしょうか？」

みえる人にとっては、自然現象のように当たり前のことですが、そうでない人にとっては、にわかに信じがたいことかもしれません。霊障というと、貞子のような幽霊を連想する方もいるでしょうが、ほとんどの場合は「着物を着た不気味な女性」がみえるわけではありません。

普通はみえないけれども、けん怠感や頭痛などさまざまな霊障の症状が現れるのです。みえないので、霊障が原因だと気づいていません。でも、石で浄化すると、症状が消えて、元気になるのです。

次の章では、パワーストーンを使った除霊についてお話しします。

第5章

パワーストーンによる除霊

パワーストーンで人霊をあぶり出す

これまではチャクラを活性化するパワーストーンと、一般的な邪気の浄化についてお話ししました。パワーストーンでヒーリングといえば、これで十分、人の心と体を癒やすことができます。

ここから先は、ちょっとマニアックな部分です。というか、マユリ自身も実際に石に関わってみて、その体験から初めて知ったことなのです。

まずは、私のクリスタルヒーラーとしての体験をお話ししなければなりません。

マユリは、もともとスピリチュアルに格別興味があったわけではありません。否定もしないが、べつに興味もないといったところでしょうか。石は大好きで、石好きが高じてクリスタルセラピーを行ったり、パワーストーンショップを開いたところ、たくさんのお客様との出会いがあり、実践を通じて石について学んでいったのです。

その中で、想定外の不思議な体験や出来事も経験しました。最初はにわかに信じがたかったのですが、何度も似たような体験をしていくうちに、事実として認めざるを得なくなったのです。

実は、私自身は、子どもの頃から世にいう幽霊はみていましたが、気にしたことはありませんでした。それはそれで、現実の生活に特別不都合はなかったので、気にならなかったのです。

この「霊体がわかる」素養と、「強力な波動の石を使ったときに起きること」がクロスしたときに、さまざまな不思議なことを体験しました。

強力な波動の石を使っても「霊体がみえなければ」、異様な気配は感じても何が起こっているのかまではわかりません。マユリの体験は、この二つの要素が重なりあったからこそ、経験できたことなのです。

20年以上前に、マユリがクリスタルセラピーを始めた頃のことでした。

体験した方はご存知かと思いますが、石を置くと自然にうとうととして眠りに落ちます。自然に目を閉じるのです。

ところがごくまれに、いったん眼を閉じたあと、「突然、目を開いて宙をみつめる」人々がいたのです。瞬きもせず空中を凝視して……。1分程するとまぶたを閉じます。本人は、全く覚えていません。

こういう方が、何十人に一人の割合で、一人ではなく複数いたのです。

最初は奇妙に思いましたが、慣れてくると、この現象は、本人の意識が飛んだあと、別の人格が出てくるのだとわかってきました。いきなり目を開けて宙を見ているのは、その人に憑いている憑依霊だったのです。

そういう体験を繰り返すことによって、強力な波動の石は単に邪気を浄化するだけでなく、「潜んでいる人霊をあぶり出す」ことを体験的に理解しました。不成仏霊は、強力な波動の石を嫌います。普段はその人の中に潜んでいたものが、石を置くと耐えきれなくなって、表に出てくるのです。

こういう経験を積んで、実践的に石で霊体を浄化する方法を体得していったのです。

パワーストーンで人霊を浄化する

マユリの行っていたクリスタルセラピーのなかに、「クリスタル前世セラピー」と「ネガティブなエネルギー体の除去」というセッションがあります。

体の上に石を置くと、脳波がアルファ波やシータ波、いわゆる変性意識状態になります。平たく言うと、何だか眠くなってうとうとするのです。前日どれだけ寝ていても眠くなります。石には催眠作用があるのです。

変性意識状態のときは、普段みえないものが一時的にみえるようになります。この状態で、前世退行をすれば前世がみえます。みえ方としては、退行催眠（ヒプノセラピー）と似ていますが、石を使うとかなりはっきりとビジョンがみえるのです。

変性意識状態のときは、前世だけでなく、普段はみえていない存在、いわゆる幽霊や魔物や妖怪のようなものも、一時的にみえるようになります。

たまに目を開けた状態でみえる方もいますが、通常は目を閉じたときだけ、ビジョンという形でみえるので怖がらないでくださいね。

この石による変性意識状態を利用して行うのが、「ネガティブなエネルギー体の除去」というパワーストーンを使った除霊なのです。

「ビジョンって夢のようなものですか？」

クライアントは眼を閉じていますが、意識はちゃんとあります。頭の中に映像がみえると同時に「あれ、雨音がする……。しまった。傘を持ってない！」など周囲も知覚しているのです。そういうところが夢とは違います。

チャネリングとの違いは、声が聞こえるのではなく、映像がみえるところです。声は、こちらが質問すると答えますが、向こうからは話しかけてくることはありません。聞こえるのではなく、みえるものなのです。

ちなみに、みるのはマユリではなく、石を置いたクライアント自身です。

「それって、妄想ではないですか？」

実際に霊体がいなくなると、見違えるほど体調が改善します。また、鬱々とした気分が晴れやかになるなど、精神的な変化も起きます。何よりも本人が、変化を実感するのです。

実際に私が体験したことを、一つお話ししましょう。

けん怠感と腰痛に悩む男性

20年ほど前のことです。

30代後半の男性でした。10年以上にわたってけん怠感が抜けず、仕事は行っているものの、休日は、何をする気力も体力も湧いてこず、一日ボーッとして過ごしてしまうというのです。

みると、第2チャクラの横に大きな人霊がいます。男性で、古い霊のようです。

「腰が痛くありませんか？」

「はい、腰もしょっちゅう痛みがあります。腎臓を悪くしたこともあります」

石を置いた瞬間、クライアントが白目を向きました。案の定、しばらくするといきなり目を見開きました。潜んでいた霊体が出てきたのです。

もちろん、本人は、自分がそんなことをしている自覚はありません。

再び目を閉じて……しばらくすると、ビジョンが現れました。このビジョンは私ではなく、クライアントに現れます。

「みえることをすべて教えてください」

「火がみえます……海岸……火が燃えています。そのまわりに行者のような恰好をした男が数人、呪文のようなものを唱えています……」

◆異性と縁がない理由

催眠療法で前世退行をしたことのある方は「前世の記憶」とかん違いするかもしれませんが、混同しないように注意が必要です。これは、前世ではなく、憑依霊の記憶です。彼らにアクセスすると、彼らの生前の記憶が表れるのです。

この行者の男性は、熊野で修行を積み、関東に戻って仲間と一緒に修行を積んでいるようです。彼はリーダー的な存在で、海岸で、呪術の修行をしていたのです。

「修行って、どんなことをするのですか？」

「稲妻を呼んだり、空中に浮いたり」クライアントの口を借りて行者が答えます。

魑魅魍魎《ちみもうりょう》のようなものが彼を支えて浮いているビジョンがみえました。

「仲間は全員男性なのですね？」

「むろん。女性に触れると霊力が消えてしまうのだ」と、行者が答えました。

あとで聞いたところ、クライアントの男性は、女性と話すと緊張してしまい、恋人もできず、婚活もうまくいかず、悩んでいるとのことでした。憑依霊の考えや感情が宿主に影響することは、よくあります。

◆霊が憑依すると体調不良が起きる

行者は、若い頃に戦で村を滅ぼされた生き残りでした。以来復讐を誓い、ついに仲間の行者と一緒に、敵の村を焼き討ちにしたのです。

老女も子どもも皆焼け死にます。その悲惨な光景を目の当たりにして、意見が割れます。「彼らには罪がないのではないのか?」仲間が彼のもとを去りました。復讐を成し遂げ、孤独だけが残ったのです。

そのとき、彼のもとを去った仲間の一人が、クライアントの男性の前世だというのです。その後、行者は諸国を放浪して、果てたようでした。その不成仏霊が留まっているところに、たまたまクライアントが通りかかったのです。

セッションが終わって、クライアントに尋ねたところ、こう話してくれました。

「学生の頃、日帰りで旅行したんです。帰りの電車で、突如、強烈な腹痛に襲われ、救急車を呼ぼうかと思ったほどでした。高熱と血尿が出て……突然の出来事でした」

「血尿は治ったのですが、それ以来ずっとけん怠感が取れず、今も続いているんです」

霊障は、憑いたときに、熱や湿疹、吐き気、風邪のような症状など、何らかの体調不良が出ます。けれども、人間の体はたいしたもので、何とか霊と同居できるように調整するので、しばらくすると一時の不調は収まります。とはいえ、霊が去ったわけではないので、けん怠感などの慢性的な不調は続くのです。この方はその状態でした。

ちなみに、現在は「ネガティブなエネルギー体の除去」は行っていません。このセッションは実際に霊体がみえてしまうので、クライアントによってはショックを受けるからです。

逆にこのセッションの利点は、クライアント自身がビジョンをみるので説得力があるところです。

「あなたの腰のところに中世の行者の霊が憑いていて、それがけん怠感と腰痛を引き起こし、ひいては婚活がうまくいかない原因なんです」と言っても、普通、意味不明ですよね。でも、自分でビジョンをみると「なるほど」と納得します。

理由がわかろうがわかるまいが、パワーストーンを持てば、霊体は離れていきます。ならば、そんな怪しいビジョン（笑）をみるよりも、石をつけて穏やかに落とすほうが、クライアントさんにとっても楽ちんなのです。

人霊の浄化の方法

霊障といっても、ほとんどの方はピンとこないかと思います。または、映画のようなオカルトをイメージするかもしれませんが、実際は、私たちの心と体に関係した、現実的な症状です。

霊障によくあるのが、強いけん怠感です。霊体は、宿主の生命力をすいとってい続けるので、憑くとけん怠感がでるのです。どれだけ寝ても、休んでも、だるさが抜けません。

むろんけん怠感の度合いは人により、しんどい程度の方からまったく動けなくなる方までさまざまです。もともとの体力や精神力、波動に敏感かどうかで違ってきます。

よくある霊障の症状を、あげてみます。

①けん怠感　体のだるさと気力の低下

②原因不明の痛み　頭に憑いていると頭痛がするなど、憑いているところに痛みが出ます。

③肩こりや筋肉のこわばり　憑いているところがかたくなります。

④湿疹、かぶれ　憑いているところに出ます。

⑤やる気の減退　鬱的な気分になります。

⑥情緒不安定、怒りが込み上げてきたり、ヒステリックになります。逆に、やたらと涙が出る場合もあります。憑依されると霊体の感情が移ってきます。怒っている霊体だと怒りっぽくなったり、絶望している霊体だと死にたくなったりします。

⑦睡眠障害　やたらと眠たかったり、夜眠れなくなったりすることがあります。

⑧霊体の考え方や習性が移る　「女性に触ると霊力が落ちる」といったように、「女性に触れてはいけない」など、霊体の考え方に潜在意識が作用されます。

以上が、よくある霊障の症状です。

誤解のないようにいっておきますが、けん怠感がすべて霊障だということはありません。けん怠感の中には、霊障が原因のものもあるということです。その場合は、霊体を除霊すればけん怠感は解消します。まず冷静に原因を吟味することが重要です。

霊障などいっさい認めない方もいれば、一方で、なんでもかんでも霊のせいにするような方もいます。どちらも偏った見方で、何が原因か見極めることが大事なのです。

パワーストーンによる人霊の除霊

人霊の除霊は、基本的には一般的な除霊の仕方と同じですが、大きく違うのは、石のパワーが違うことです。

一般的な邪気に比べて、幽霊ははるかに重く、浄化するには強いパワーが必要です。普通の汚れを流すのと、砂利を流すのでは、必要な水圧が違うのです。エネルギーを流すような浄化では、軽い邪気は取れますが、重い邪気は残るのです。

人霊を浄化する際に大事な点は次の二つです。

1 霊体がどこにいるのかわかること

霊体は、かならず肉体やオーラのどこかに憑いています。よくある幽霊の絵のように、漠然とその人の後ろに立っているというようなものではありません。そこがわからずに、ただ波動の強い浄化の石を持っても、弱い霊体は離れることもありますが、強力な霊体は離れません。

場所といわれてもピンとこない方は、「霊体が宿主にくっついているコード」がどこにあるか特定する、と理解してください。ペンジュラムが上達するとわかります。

2 浄化するには、どの程度のパワーが必要なのかを予測する

波動の強い石を見分ける眼力が必要です。いい魚を見る眼力のないすし屋がありえないように、石の波動がわからないクリスタルヒーラーはありえません。これも、ペンジュラムができればわかるようになります。

この1と2が正しくリーディングできると、除霊ができるようになります。

Q 浄化にいいというアメジストをいつも持っていますが、何も起きません

一言でアメジストといってもピンキリで、波動の強度が重要なのです。電力にもアンペアやボルトがありますよね？　弱い波動のアメジストでは浄化はできません。

Q「私は除霊ではなく、浄霊をしたいのですが」

ただいるだけの霊体ならばいいですが、恨みや怒りを抱えている霊体に関わるのはたいへん危険です。

石による除霊は、「霊体は石の波動が怖いので、強い波動の石を持つと、いられなくなって離れていく」というものです。これは、強い波動の石さえ持てば誰でもできます。

それに対して、霊を成仏させるという意味での浄霊は、やる人の力量が問われ、一つ間違えばたいへんなことになってしまいます。

さらに「死んだあと霊体はどこに行くのか」など根本的な死生観は、宗教によって違ってきます。

「エクソシスト」という映画がありましたね。カソリックの神父が、悪魔祓《ばら》いをする映画です。本来、エクソシストはキリスト教の神を深く信じているものが、神の名のもとにおいて行うものです。神を信じていない非キリスト教徒が行うものではありません。

もちろん、仏教には仏教の（成仏というのは仏教の考え方です）、神道には神道の祓いがありますが、根本は強い信念が必要です。つまり、浄霊とはきわめて宗教的な行為なのです。

「あなたは、人は死んだあと、どこに行くと思っていますか？」。それがあいまいなままで、浄霊はできません。確固たる死生観が必要なのです。いずれにせよ、素人が安易に行うものではないのです。

まずは一般的な浄化を心がけて、パワーストーンで自分のオーラやエネルギーをクリーンに保つことから始めてくださいね。

◆コラム５◆
夫のＤＶに苦しむ前世と幽霊

「ネガティブなエネルギー体の除去」

20年ほど前のことです。幼稚園児の女の子とお母さんが来られました。

「娘が石を欲しがるのでつけてやったら、突然、吐いたんです」「それ以来、石屋に連れて行ってって毎日言うんです」

強い霊障のある方が石をつけると、吐き気が来たり、吐く場合があります。かわいそうにこの子は憑かれているのです。そういうわけで、除霊することになりました。

その方の家を遠隔でみると、お風呂場に女性の幽霊がいました。夫のＤＶに悩み自ら命を絶ったようです。女の子が一人いて、その子も父親のＤＶに苦しめられていたようでした。その場は、石で浄化しました。

「娘はお風呂をいやがっていたので、みえていたのかもしれないです……」

「クリスタル前世セラピー」で前世をみる

さて、その方が、「どうしてこんな目に合うのか、前世のカルマをみてみたい」と、希望されたので、クリスタル前世セラピーで、前世をみてみました。

19世紀のヨーロッパのようです。彼女は赤毛の女性で、幼い子どもがいるのですが、夫は子どもに暴力をふるいます。妻が自分よりも子どもばかりかまうので、嫉妬するのです。

身の危険を感じて、彼女は子どもを連れて夜逃げします。細々と生活していたところ、ついに夫に見つかってしまいます。夫は、子どもをさらって崖から放り投げます。

半狂乱になった彼女は子どもの遺骸を見つけますが、深い谷底で誰も降りていくことができず、朽ち果てていくのをみるだけでした。

それ以来、彼女は、村はずれの小屋で毎日祈って暮らします。ごわごわの髪に、ボロボロの服を着て、ひたすら小さな祭壇に祈りをささげるのです。

潜在意識が共鳴して、似たような霊障を引き寄せる

彼女自身の前世と風呂場の幽霊は、どちらも夫の暴力に苦しめられていました。憑依は、潜在意識が共鳴して引き合う場合があるのです。

「ほかにも思い当たる節があります……」

「主人は子どもが嫌いで、最初にできた子は産まなかったんです。この子は、絶対に産みたいって生んだ子で……いざ生まれてみるとかわいがってくれていますけど」

前世で起きたことを、今世でも繰り返すことがよくあります。「二度としない」と深く改心しない限り、生まれ変わっても何度でも同じことが起きるのです。けれどもこの方は、今世では夫を説得して命がけでこの子を産みました。そのことが、繰り返し続くカルマを変換することになったのです。

「この子を産むときは、すごい難産で死にかけたほどでした……」

カルマの転換には痛みを伴います。夜が明けるためには、嵐を乗り越えなければならないのです。そうして生まれてきたお子さんが、お母様を連れてこられたのも不思議な縁かもしれません。

第6章

人外魔境に棲む存在を浄化する

人外魔境の存在とは何か？

「人外魔境の存在」とは、いわゆる魔物、妖怪や悪魔といったたぐいです。人霊も魔物も「みえない存在」というひとくくりで、同列に語られることがありますが、全く違う存在です。

よくこういわれます。

「人霊は死んだ人の霊ということでわかる気がするんですが、魔物はアニメや映画や空想の存在ではないのですか？」

わかります……私も初めてみたときは理解に苦しみました。これをどう解釈していいのか、まったく想定外だったのです。

マユリの体験を少しお話ししましょう。

20年以上前、マユリがクリスタルセラピーを始めた頃のお話です。

石を体にのせると、毎回、「太ももの上にゴブリンのようなものが現れる」女性がいました。ゴブリンとは、西洋のゴシック様式の教会の飾りにあるような小悪魔のことです。このごろはアニメやゲームに登場するのでご存知の方もいるでしょう。けれども、その当時はまだ、ゴブリンなど知られていませんでした。

その方も、ゴブリンという名称は知らず、「太ももの上に、不気味な顔をした小人がいる」と言っていました。

そのとき行っていたのは、ネガティブなエネルギー体の除去ではなく、通常のクリスタルセラピーで、その人の場合は、石を置くと、ビジョンとしてではなく、普通にそれがみえるのです。

もちろん、危ない薬のせいとか、精神疾患などではありませんよ。まれに眼を開けたままでみえる方がいるのです。誤解のないように断っておきますが、石を置くとゴブリンがやってくるのではありません。いつもいるのですが、普段はみえていないだけなのです。

「どうしてこんなのが自分にいるのかを知りたい」という訳で、クリスタル前世セラピーを行いました。

予言を与えるゴブリンと魔女の前世

そこは、中世のヨーロッパのような光景です。

牢獄につながれた女性がいます。前世の彼女です。鉄格子の窓に、まあ！　さっきのゴブリンが座っています。どうやら、彼女はもうすぐ魔女として処刑になるようです。

孤独な子どもだった彼女は、幼い頃ゴブリンとよく遊んでいました。よく子どもはみえないものがみえているといわれますが、小さいときの彼女はゴブリンが普通にみえていたのです。

大人になってからも、ゴブリンは常に彼女とともにいて、未来を予知をしたり、いろいろなことを教えてくれたりしていました。今でいう、チャネリングのような感じです。

やがて彼女は評判になり、そして魔女として捕えられたのです。それから処刑されたようでしたが、その場面はでてきませんでした。前世セラピーでは、思い出したくない場面は飛んでしまうことがあるのです。

◆陰陽師と式神　生まれ変わっても契約は続く

一つの前世から別の前世に移行することもあります。このときもそうでした。今度は日本の中世のような光景です。彼女は男性で、陰陽師でした。あれ？『犬夜叉』の邪見さまのようなかっこうをした、さっきのゴブリンがいます！中世ヨーロッパ風から日本風に衣替えしたようです。ゴブリンは、今度は陰陽師の式神となって仕えていたのです。

ゴブリンは一種の使い魔です。一度契約した使い魔は、生まれ変わっても主人の下にい続けます。ヨーロッパ中世のゴブリン、日本の中世の式神、そして現在の彼女の太ももの上にも座る奇妙な小人は、すべて同じものなのです。

当時の私はまだ経験が浅く、この事態をどう扱っていいのか、途方に暮れました。けれども、こうした「妖怪や魔物と呼ばれる存在」は、その後も、さまざまなクライアントに現れたのです。そういう経験を経て、これは個人の妄想の類ではなく、認めざるを得ない現象だと考えるに至ったのです。

左の肘に座る牛頭《うしあたま》の男

別の方の左腕の肘には、牛頭の男が座っていました。

ある日、「婚活がうまくいかずに悩んでいる」という女性が来られました。石をおくと、「左の肘のところに、頭が猪で体が男性の小さい人がみえる」というのです。

「あれ、よくみたら猪じゃなくて牛だ……」どっちにしても奇妙です（笑）

頭が牛で体が男性とは、ギリシア神話のミノタウロス、旧約聖書の悪魔モレク、仏教の地獄の獄卒、牛頭馬頭の牛頭みたいな姿でしょうか。ゴブリンの女性と同じように、普段からずっとそこにいるのですが、石を置くとみえるようになるのです。

牛男に質問してみました。

「……あなたは人間だったことがありますか？」

「わからない……。覚えてない」

本人はそう答えましたが、そのときビジョンが変化しました。牛男は彫の深い中近東風の男性に変化したのです。なるほど！　これが彼の生前の姿です。彼は3000年ほど前の古代に生きた人物でした。

3000年前には人間だったわけですから、そういう意味で一種の幽霊ともいえるのですが……。普通の人霊とはちょっと違います。

何が違うのかというと、普通は、アメジストや水晶で浄化できるのですが、この霊体は平気なのです。

「なぜ？」

いろいろな石を試してみたんですが、一般的なパワーストーンではある程度は効きますが、完全に浄化することはできませんでした。

バクテリアとウイルス——人霊と魔物では、効く石が違う

「そもそも、どうして人霊とか魔物とか区別する必要があるんですか？」

なぜならば、「浄化する対象によって、効果のある石が違う」からです。ウイルスに効く抗生剤をバクテリアに投与しても効きませんよね。ウイルスか、リケッチアか、バクテリアか、そこがわからなければ、どの抗生剤を使っていいのかわかりません。石も同じなのです。

裏を返せば、「同じ石で浄化できない」ということは、「人霊と魔物は、異質な存在である」と、考えるのが自然です。

「でも、その牛頭は３０００年前には人間だったんでしょう？　だったら幽霊の一

種じゃないんですか?」

この古い霊体はすでに魔物化しており、もはや魔物の一種です。幽霊にも賞味期限があるのか、通常はある程度の時間を経ると雨散無消します。3000年間存在し続けるというのは特殊なのです。

論より証拠で、経験を積むにつれて、こうした魔物化した奇妙な存在に遭遇するようになりました。といっても、全体からすればひとにぎりにすぎませんが、いわゆる人外魔境の存在が憑いている人がときどきいたのです。

現れたソロモン72柱 悪魔憑きの女性

その中には、西洋でいうところの「悪魔らしきもの」が憑いていた人もいます。

ある若い女性が「お酒がやめられない」という悩みで来られたときです。石をのせてしばらくすると「痛い! お腹が痛い!」と急に暴れだし、体にのせていた石をすべて、振り落としてしまいました。

これは、憑いてる霊体が石を退けようとして暴れているのです。お腹が痛いのは、霊体がお腹に入っているからで、石の波動にあぶられて我慢しきれずに出てきたのです。

その女性はしばらくベッドの上にうずくまっていましたが、突然口走りました。

「なぜわかったのだ？」

憑依霊が彼女の口を使って話し始めました。「なぜ自分が彼女にいるのがわかったのか」といいたいようです。

よくしゃべる霊体で、「彼女の飲む不思議な臭いのする水が好き」というのです。なるほど、それで彼女はお酒をやめられないのです。その霊体はソロモン72柱に出てくる悪魔の名前を名乗りました。でも、なんだか人間臭い……この霊体も昔は人間だったのでしょう、いわゆる魔物化した霊体のようです。

それにしても、一見普通の若い女性に、なんでこんなのがいるんでしょうか。人は見かけによらないものです。

この方に石を持たせても、すぐにボロボロになってしまいます。霊障の強い方はみなそうなのですが、すぐに石が割れたり、紐が切れたりして、石が持てなくなるのです。

偶然、隕石を持たせてみたら……

それは偶然の出来事でした。ある日、たまたま、隕石を持たせたところ、「最初しんどくなったですが、しばらくしたら体が軽くなりました。こんな軽いの久しぶりです！　効いた気がします」というのです。

最初に好転反応がきて、そのあと軽くなるのは、一般的な浄化の過程です。どうやら隕石が効いたようなのです。

彼女がつけている隕石を見ると、赤くさびて、心なしか軽くなったように感じました。その隕石の主成分は鉄とニッケルで、表面はエッチング加工されているので、簡単にさびるような物ではありません。

「つけたままお風呂に入ったとかないですよね……」

「まさか、ちゃんと大事にしてましたよ」

水晶の場合、邪気を吸うと白く濁ったり、黒い斑点が出ます。鉄隕石の場合は、邪気を吸うと、赤くさびてしまうようです。何だか軽く感じるのは、内側もさびて腐食しているからでしょうか。つけて1か月もたたないのに、隕石はボロボロでした。パワーストーンは自分のエネルギーを使い果たして、ボロボロになっていきますが、隕石にも、同じような反応が出たのです。

試しに、他の魔物が憑いてる人にも隕石を持たせてみましたが、やはり変化がありました。

どうやら、隕石は魔物に効くらしい……と、経験的に学んだのです。このとき、効果を発揮したのは鉄隕石でした。

隕石には3種類ある

一言で隕石といっても、大きく3種類あります。

1 鉄隕石 成分は主に鉄とニッケルです。地球の核と同じ成分です。

2 岩石隕石、成分は岩石で、ケイ素や炭素などです。地球の地表（地殻）に当たります。

3 岩石と鉄の混じった隕石 岩石に鉄とニッケルが混ざっています。地球のマントルに当たります。

それ以外に、

4 隕石が落ちて爆発した際に形成されるガラス質由来の物質・テクタイト類があります。有名なものに、モルダバイトやリビアングラスがあります。テクタイトは通常黒色ですが、黄色いものにリビアの砂漠でとれるリビアングラス、緑のものにチェコのモルダウ川近辺でとれるモルダバイトがあります。『進撃の巨人』のモデルとなったといわれるドイツの城塞都市ネルトリンゲンは、このとき落ちた隕石の、クレーターではないかともいわれています。

魔物の浄化に効力を発揮したのは鉄隕石でした。なぜ、鉄隕石が魔物に効くのでしょうか?

水晶の主成分であるケイ素は、地球上の地殻（地表）にある物質です。地殻とは、我々人類が生息している地球の表面のことです。では、鉄隕石の主成分・鉄はどこに

あるのでしょうか？ 主に地球の核、地底の奥深くにあります。鉄は、地球の核の主成分です。鉄隕石の主成分と地球の核の主成分は同じなのです。

パワーストーンの中でも強い浄化力を持つアメジストやアクアマリンは、ケイ素やベリルに鉄が微量混じったものです。そう、魔的なものを浄化するカギは鉄なのです。鉄隕石はまさに、その鉄でできたアイアン・パワーストーンなのです。

地球の核は鉄でできている

「なぜ、地球の核の主成分・鉄が魔的なものを浄化するのでしょうか？」

核とは、地底の最も奥深くにあります。世界中の宗教や神話では、魔界は地底の奥深くにあります。文化に関わらず、人類には「魔界は地底の底にある」という共通認識があるのです。多くの人々が共通して抱くイメージには意味があります。それは人類共通の集合無意識のようなものなのです。

たとえば、ギリシア神話でも、地底の浅いところには死者の赴く冥界があり、さらに奥深くには、魔界があります。この世界観は多くの古代宗教に共通しています。

「冥界と魔界はどう違うのですか？」

冥界とは死者の赴くところで、魔界は魔物の住むところです。死者の一部、罪深い魂も魔界にいくようです。日本語でいう「奈落の底」に近いかもしれません。日本の神話も含めて古代の宗教では、人は死んだあと冥界（黄泉《よみ》の国）にいきます。その時代には、まだ天国や極楽のような概念はありません。対して、魔界は死者が行くところではなく、魔物や悪魔の住み処《すか》です。そして死者のうち、特に罪深い魂は、冥界の更に下にある魔界に落ちると考えられていました。

いえいえ、私が言っているのではありません。これは、世界の多くの神話や伝説に共通する認識なのです。

ギリシア神話では、ハデスの支配する冥界の下に、タルタロスという名の魔界があります。そこには、神々の戦いに敗れた旧神たちや、キュプロスやヘカトンケイルといった異形の魔物が封印されています。また、神々を試すために我が子を殺して食べさせたタンタロス王は、人でありながらタルタロスに落とされています。人であっても、特に罪深いものは魔界に落ちるのです。

エジプト神話でも、死者はオシリスの支配する冥界に赴き、審判を受けます。その結果、罪深い者はさらに深い魔界に落とされました。仏教でも、地獄は10層に分かれており、下に行けば行くほど、重い罪に問われています。

「地球の奥深くに魔界というところがある」というのは、文化を超えた人類共通の認識だったのです。

そして魔界のあるところ、すなわち地球の最も奥深いところにあるのが地核で、その主成分が鉄なのです。

そういうわけで、地球の核と組成の類似する鉄隕石は、魔界の住人、魔物を浄化する力を秘めているのです。

鉄隕石にも種類がある

地球に落ちてきた鉄隕石は無数にありますが、いくつかご紹介しましょう。

・**ギベオン**

ナミビアに落ちてきた隕石。昔から槍などに加工されていたものを、１８３６年イギリス人によって隕石であることが確認されました。ナミビア政府の政策により、現在は国外持ち出し禁止とされており、ほぼ流通していません。

・**ムオニオナルスタ**

北海に落ちてきた隕石で、本体は発見されていないといわれていますが、破片がスウェーデンの北極圏で取れます。１９０６年に発見されました。

・シホテアリン

1947年ロシア共和国ウラジオストック近郊のシホテアリン山脈上空で天体爆発があり、そのとき落下した隕石。火球もしくは小惑星が地球に衝突したといわれています。

・カンポデルシエロ

アルゼンチンの隕石。1576年にはすでにクレーターが発見されていました。大量にあるので、比較的入手しやすい鉄隕石です。

・ゲベルカミル

2009年にエジプトで発見された隕石。現在はほとんど流通していません。

ほかにも多数の種類があります。

隕石にはマイナス波動のものも多い

隕石の中には、強烈なマイナス波動を放つものがあります。宇宙空間を飛んできたのですから、放射線や宇宙線を帯びているかもしれませんし、人類が知らない未知の成分が含まれているかもしれません。未知の物質は、未知ゆえに既存の方法で検出することができないのです。つまり、隕石とは、ある意味、非常に危険な物質なのです。

鉱物標本として飾るくらいならともかく、身につけるのは慎重にしなければなりません。体につけると、ダイレクトに波動が入ってきます。ブレスレットやペンダント、ポケットに入れるのも同じです。あたかも放射能を浴びるかのように、ストレートにエネルギーが入ってくるのです。よく知らない隕石を安易に身につけてはいけません。この頃は自分でアクセサリーにする方がいるので気をつけてくださいね。

隕石はエネルギーが強烈です。マイナス波動だったときの影響も大なのです。劇的に効く薬は一つ間違えば猛毒です。ペンジュラムができる人は、必ずマイナス波動でないか調べてから身につけてください。

隕石は見た目では区別できない

隕石は種類がいろいろありますが、どうやって見分ければよいのでしょうか。

鉄隕石は見た目はただの「鉄の塊」なので、ウイドマンシュテッテン構造（隕石表面のスジスジです）に多少の特徴はあっても、種類を判別することは不可能です。

そのうえ、さまざまな種類の隕石が「メテオライト」の一言でごっちゃに販売されていたり、ギベオンと称して他の隕石が売

ウイドマンシュテッテン構造

られていることもあります。

「では、いったいどうやって判別するのですか?」

波動で判別するしかありません。隕石は種類によって波動が全く違うので、種類が判別できなければ、波動療法としては使いこなせないのです。

隕石によって浄化できる魔物が違う

鉄隕石は、種類によって波動が違います。そもそもたまたま地球に落ちてきただけで、隕石の故郷はさまざまなので、当然といえば当然かもしれません。

波動が違うと、効果も違います。何を浄化できるかも違います。どんな種類の魔物を浄化できるかも、隕石によって違うのです。

「魔物にも種類があるのですか?」

たとえば、ギベオンとムオニオナルスタでは、浄化できる魔物が違います。ギベオンが効く魔物もいれば、ムオニオナルスタが効く魔物もいます。どっちも効く魔物は、みたことがありません。

このお話はあまりにもマニアックなので、このくらいにしておいて、一般的な波動の違いについて、お話ししましょう。

ギベオンとムオニオナルスタ

鉄隕石にもいろいろ種類があり、種類によって効力が違います。ギベオンとムオニオナルスタを例にとって、波動の違いを説明しましょう。

見た目は似ていても、ギベオンとムオニオナルスタの波動は全く違います。

ギベオンのエネルギーは、特に上半身に効果があり、頭部を集中的に浄化します。それに対して、ムオニオナルスタは、特に下半身を浄化し、大地の底から湧き上がってくるようなパワフルな波動を放ちます。

ギベオンが天からの、ピリピリするようなエネルギーなら、ムオニオナルスタは大地の底から引っ張られるような、くらくらするエネルギーなのです。

隕石の波動は、種類によって全く性質が違います。当然、「何を浄化できるか」も全く違うのです。隕石というくくりで十把《じっぱ》ひとからげに考えてはいけません。

ペンジュラムを使って、しっかり波動を測定して区別してください。

いずれにせよ、隕石のエネルギーは強烈で、普通の石では好転反応を起こしたことのない人でも、眼が回ることがあります。

クリスタルセラピーのように、直接体にのせるのは禁忌です。また、マイナス波動のものも多いので、アクセサリーとして身につけるときも、よくチェックしてからにしてください。

良くも悪くも、地球の外からやってきた未知の物質だということを忘れないでくださいね。

ムオニオナルスタ

ギベオン

隕石は偽物《にせもの》が多い

ギベオンと表示されているのに、他の隕石であることがよくあります。中には鑑定書までついているのに違っているのです。

隕石の名前は、採取された土地の郵便区画の名前を付ける慣例があり、ギベオンとはナミビアのギベオン地区で取れた隕石という意味です。

通常、石の鑑定は、石の種類を判別することはできても、産地を特定することはできないとされています。この法則にしたがえば、メテオライト（隕石）とはいえても、落ちてきた場所がギベオン地区とは判別できないはずです。そもそも鉄隕石は成分が鉄なのですから、一般的な宝石の鑑定法では鑑定できないはずなのです。

２０１０年頃から、海外に買いつけに行っても、ナミビア政府が輸出を禁止し、ギベオンを見かけなくなりました。にも関わらず、日本ではギベオンが売られているのは不思議なことです。

◆コラム6◆
「結婚できない理由とは？」商売繁盛の見返りにされた娘

本文で紹介した「左肘に現れる牛頭の男」の話をもう少し詳しく紹介しましょう。これは、「婚活がうまくいかない理由を知りたい」と来られた女性のビジョンに現れたものです。

石をおいて、最初に現れたビジョンは……。

満月の夜、着物を着た女性が縁側で月を見ています。そうして、ふと思うのです。「ここに池があったら、月が映って素敵でしょうね」

彼女は、早速、庭師を読んで、月が映るような手水鉢《ちょうずばち》を庭に設置します。大きなお皿のような平べったい手水鉢です。まるで小型の召喚の泉のようです。

かつて、泉は冥界や魔界といった地下世界と、この世をつなぐ出入り口と考えられていました。彼女は、無意識に、「地下空間からの出入り口」を自分の家の庭に設置したのです。さすがに池を掘ることははばかられたので、代わりに泉を模した大きな手水鉢を設置したのです。

人が無意識に思いつくことは、意味があります。いったいなぜこの女性は、唐突に手水鉢を設置しようと思いついたのでしょうか？

今度は、ある祠《ほこら》がみえました。祠のところで、さっきの女性が熱心にお祈りをしています。商売繁盛を祈っているようです。

祠の横に、牛頭の男が立っています。この祠に祀られているようです。彼女にはみえていません。みえてないけれども、声が聞こえます。

「……はい、娘を差し上げます」彼女がつぶやきます。

「その願い叶えたり」そう聞こえた瞬間、祠から紐のようなものが飛んできて、彼女の首にかかりました。これも彼女にはみえていません。

道には人力車が走っていました。明治時代のようです。

いったいこのビジョンのどこが「婚活がうまくいかないこと」と関係しているのでしょうか？

クライアントの女性が家系図を調べて来られました。ビジョンの女性は、明治時代のご先祖様のようで、この方のお住まいの地域には、「途中、誰ともしゃべらずに100日間社《やしろ》に通い続けると願いが叶う」という風習があり、それをしていたのではないかとのことでした。

元々お家は商家で、明治維新でいったん傾いたものの、起死回生を果たしてかえって繁盛したとのことでした。ビジョンに出てきた女性は、その頃の方のようです。

ちなみに、女性には娘がいましたが、子どもができず、遠い親戚の子どもを養子にもらって後継ぎにしたそうです。商売繁盛して、血筋が途絶えるという話でした。

ビジョンの中で、先祖の女性は「商売繁盛を祈願して」その見返りに「娘をさしあげます」と言っていました。願いどおり、傾きかけた商売は復興し、その見返りとして、約束通り娘を差し出した……いえ、差し出さなければならなかったのですが、実際には差し出さなかったのです。

現代人にとっては、ピンと来ない話かもしれませんが、「八百万の神さまに願いを叶えてもらう」には、何かを捧げなければなりません。大事なものであればあるほど、願いは叶うとされています。この話では、商売繁盛の見返りが、娘をさしだすことだったのです。

娘をさしだすというのは「神の花嫁」にするということです。昔の巫女は独身でした。神の花嫁ですから、他の男性と結婚することはできません。

そうはいっても、明治時代の商家の跡取り娘が結婚しないわけにはいきません。婿を取って家を継いだようですが、子どもはできませんでした。牛頭の神様との約束を破って結婚しても、他の男と子をなすことはできなかったのです。

考えようによっては、約束を反故《ほご》にした神罰が下ったといえるかもしれません。笑われるかもしれませんが、中世の人々ならば間違いなくそう思ったことでしょう。

「父の兄弟で結婚して子どもがいるのは父だけなんです。叔父は独身で、叔母は結婚はしましたが、精神を病んで離婚しました。私の兄も独身ですし……だから家系的なカルマを感じてたんですが、まさか、そんな話とは……」

あの左肘にいた牛頭の男は、ご先祖さまが商売繁盛を願った祠の主だったのです。この方の家系には代々全員にいるのでしょうか。まさに私の想像を超えた不思議なビジョンでした（この話の全容はマユリのブログに掲載しています）。

第7章

空から落ちてきた女神

隕石の故郷と小惑星帯

「隕石は魔物を浄化する」。実際に、多くのクライアントを隕石で浄化するにつれて、それは疑う余地のないものとなっていきました。けれども、「なぜそうなのか？」は今一つ謎に包まれていました。隕石は、なぜだか理由はわからないけれど、現に効果のある薬草のようなものだったのです。

そんなとき、あるクライアントが、偶然不思議なビジョンをみました。

次々と現れる人魚のビジョン

その女性は、以前、クリスタル前世セラピーで人魚の過去世が出てきた人でした。人魚の過去世が出てきた方はほかにもいましたが、共通するのは「人魚は冥界からやってきて、あの世とこの世を行き来する伝令のようなもの」ということでした。海は冥界を象徴、岸はこの世の象徴です。海のかなたから波打ち際にやってくる人魚は、冥界からこの世にやってくる「あの世からの使者」なのです。

一つビジョンをご紹介しましょう。

海岸から沖に向かって船が流れています。誰も漕いでいないのに、勝手に沖に流されているのです。中には、16世紀風の衣装をつけた男性が横たわっています。死んでいるのか、ただ寝ているだけなのか……わかりません。そこへ好奇心旺盛な人魚がやってきて、船を岸に押し返します。

突然、場面はお城の寝室になります。船の男性が寝ています。彼は毒を盛られ、昏睡状態だったところ、突然息を吹き返したのです。

あの船は冥界へ進む船だったのですが、人魚が岸に押し返したことによって、死者が生き返ってしまったのです。

むろん、人魚は人間にはみえません。別のビジョンで、人魚が船上ではしゃいでいる場面がありました。船上では合戦が繰り広げられており、弓や刀が飛び交う中で人魚がはしゃいでいるのですが、もちろん誰にもみえていないのです。

さて、こういう人魚の過去世をみたことのある方に、ある日、不思議なビジョンが現れました。

◆空から落ちてきた女神

そのビジョンは宇宙から始まりました。宇宙空間を女の人が飛んでいます。

「お前どこに行くんだ？」。同じように宇宙を飛んでいる男性が尋ねました。

「わからない。こっちが聞きたいくらい！」

やがて彼女は地球の引力にとらわれ、落下していきます。海に落ち、さらに海底にめり込んで、どんどん地下に潜っていき、とある世界に達しました。

「よく来たな」。地の底の世界には、彼女のような先客が他にもたくさんおり、声の主はそこのリーダーのようでした。彼自身も、同じように宇宙からやってきたようです。

「左岸の魔王の地位があいてるから、おまえがなれ」と言われて、彼女は左岸の魔王になります。海のような大きな川のほとりに立って、巨大な水車を回しては流れてくる水を浄化するのです。

水と一緒にたくさんの死体が流れてきます。水車を回すと死体が取り除かれ、水がきれいになるのです。穢《けが》れを祓い、水を浄化するのが彼女の役割でした。

「ああ、かゆい、かゆい……どうして、この私がこんな仕事をしなければならないのか……」

「いやならやめればいいじゃないですか？」女神に尋ねてみました。「そういうわけにはいかない。ここには、ここのしきたりがあるから」。彼女はそう答えました。

「ああ、帰りたい、空に帰りたい」

「では、帰ればどうですか？」

「引力が強すぎて帰れない」

引力が強すぎて出られない……リアリティのある返事が返ってきました。彼女、すなわち、宇宙からきたエネルギー体は重力の影響下にあるのです。

このビジョンはどういう意味なのでしょうか？　ビジョンの中では女性の姿をしていましたが、これは一種の擬人法です。人間は何かを理解するとき、人間にたとえて理解しようとします。「馬娘」で馬が美少女になったり、「刀剣乱舞」で刀がイケメンになったりするのと同じです。

では、空から降ってきた女性は、何をたとえているのでしょうか？　宇宙から飛んできて重力にとらわれて海に落下し、海底にめり込む……おそらく、女性は隕石です。女性の姿をとったのは、何か女性的なエネルギーを感じたからでしょう。

◆テティス海に落ちた隕石

「女性が落ちてきた場所はどこかわかりますか？」

「地中海のように感じたのですが、なんだか今の形と違っていて……」

現在の地中海があるところには、かつてテティス海という海がありました。テティス海に落ちたといわれている隕石といえば、リビアングラスがあります。

リビアングラスは、2600万年ほど前に、サハラ砂漠におちた隕石の大爆発によってできたといわれ、本体の隕石はまだ地中にあるといわれています。サハラ砂漠は、かつてテティス海の一部でした。

もちろんサハラ砂漠に落ちた隕石は多数あるので、リビアングラスと確定することはできません。他の方のビジョンで、古代エジプトの神官が、砂漠に新しい神々を探しに行く場面が出てきたことがあります。そこはよく隕石が落ちてくるところで、「何か新しい神が来訪していないか」、神官たちが見まわりに行くのです。

彼女は質問をすると答えてくれました。答えることができるということは、なんだかの意識のようなものを持っているということです。

意識を持つといっても、人間のような感情は感じません。鉱物と動物では存在のありようが違うのです。物質としての隕石は、人間でいうところの肉体

リビアングラス

に当たるのでしょう。

鉱物に意識があるというと不思議に思われるかもしれませんが、ウイルスに意識があるという説もあります。他の方のビジョンで、惑星に意識があったこともあります。それによると星そのものが生命体でした。意識の問題は、現代科学でも取り上げられる重要なテーマで、たいへん複雑な問題なのです。


さて、この隕石すなわちその女性は、ものすごい勢いで地球に激突したので、ひょっとしたらエネルギー体としては死を迎えたのかもしれません。今、現在彼女のいるところは地球の冥界です。

ビジョンに現れた死体の流れる大河はおそらく三途《さんず》の川で、左岸の魔王とは「三途の川の岸辺に立つ魔王」という意味でしょう。彼女は、冥界の入り口で水を浄化しています。彼女は、水と関連する浄化の女神なのです。


「魔王なのに女神なのですか?」

彼女を魔物とよぶか神と呼ぶかは「冥界をどうとらえるか」という人間側の問題で

す。客観的事実は、「冥界の入り口で穢れを浄化する存在」ということです。これを神と感じるのか、悪魔（冥界なので正しくは死神というべきでしょうが）と感じるかは人間側の価値判断の問題で、彼女は彼女なのです。

ちなみに、彼女に「人間のことを知っているのか」質問してみましたが、「知っているけれども興味がない」ようでした。彼女の訴えることは一貫して「空に帰りたい」だったのです。彼女のエネルギーは巨大です。もし引力に逆らって冥界から逃れようとしたら、海底が振動するかもしれません。

このビジョンは、人魚の過去世のある女性のところに現れました。人魚は冥界からのお使いですから、前世でこの女神ともご縁があったのでしょう、このビジョンが現れたのは、冥界つながりだったのです。

◆地球の後期重爆撃期

このビジョンで、もう一つ印象的だったことがあります。

彼女がたどり着いた地底には、同じような先客がいっぱいいたのです。それは、彼女と同じような隕石が数多く地中に存在し、あたかも一つの世界を形成しているようでした。

リビアングラスが地球にやってきたのは、ほんの２６００万年前ですが、最も多くの隕石が地球に降り注いだ時期は、41億年前から38億年前の後期重爆撃期の頃です。この時期、無数の隕石が地球に降り注いだといわれています。


地球にやってきた存在で最も有名なのは、月をつくったテイアという惑星です。今から45億年ほど前、火星規模のテイアといわれる惑星が地球に衝突し、その時月ができたといわれています。月は飛び散ったテイアと地球のマントルからできたとされていますが、ではテイアの核はどうなったのでしょうか？　テイアの核の大部分は地球にめり込み、今も地球の外核あたりにあるといわれています。

だとすれば、地底世界のもっとも巨大なエネルギー体はこのテイアでしょう。彼こそ、まさに魔王と呼ぶべき存在なのです。テイアが衝突した黎明期の地球は、マグマオーシャンが煮えたぎっている状態で、鉄隕石のような重い物質は地中深くに沈んでいったといわれています。地球の最も奥深く、魔界は彼らの王国なのかもしれません。

◆魔界や冥界の住人は宇宙からやって来た？

さて、このビジョンが示唆していたことは、「隕石には意識があり、地球の冥界や魔界には、隕石由来の多数のエネルギー体が存在しており、人類はそれらを神やら悪魔やらと呼んで祀ってきた」ことです。

前章では、「人間由来で魔物化した存在」についてお話ししましたが、空から落ちてきた女神は一度たりとも人間だったことはありません。文字どおり「純粋に人外の存在」なのです。

魔界や冥界には2種類の存在がいます。一つは人間由来で、死後、魔物化したものです。もう一つは、彼女のように宇宙由来の生命体です。これらは、リーディングができるようになると、見た目で区別がつくようになります。そもそもエネルギーの大きさが全く違うのです。

石で浄化する際の実践的なお話ですが、人間由来のエネルギー体にはある程度、地球の石も効きますが、宇宙由来の生命体には効きません。地球の存在には地球の石が効くように、宇宙由来の生命体には、彼らの故郷の成分が含まれる隕石が効くのです。

「彼らの故郷の成分が含まれる隕石が効く」ということは、人外魔境の存在を浄化するときには、「彼らがどこからやってきたのか判定する」ことが重要です。彼らの故郷の成分を含む隕石のみが、彼らを浄化することができるのです。

人外魔境の存在が憑くとどうなるのか？

「でも、そもそも彼らはそんなに悪い存在なのですか？　よい存在もいるのではないですか？」

まずここでお話ししているのは、魔界や冥界にいる宇宙由来の存在についてであって、地球の他の異界にいるものについてではありません。

魔物が憑くとどうなるか、少しお話ししましょう。

まず、一般的な霊障と同じように、体調不良になることがあります。軽い体調不良から死に至るものまでさまざまです。精神的な影響を受ける場合もあります。このあたりは、人霊の霊障と大差ありません。

人霊との違いは、一見して霊障とわかりにくい場合があるということです。というのも、魔物が憑くと、一見元気になることがあるのです。落ち込み気味だった人が元気になり、ポジティブで活動的になるのです。それ自体はいいことなのですが、だんだんと活動の度合いが増してきて、攻撃的になっていきます。イライラして、切れやすくなるのです。

魔物が憑いたクライアントがこう言ったことがありました。

「朝起きて歯を磨いていると「うふふ」って笑いが込み上げてくるの」

人が笑うには、何か笑いたくなるような理由があります。理由もなく笑いが込み上げるのは、何かの薬物のようです。自分に自信が持てなかったり、鬱状態の人からすると、そこから逃れられるのは素晴らしいことのように思えるのかもしれませんが、これは不自然なのです。

ある種の憑依には、コカインや覚せい剤のような向精神作用があります。気分が高揚し、自信と万能感を与えます。これは、一見いいように思えるので、本人は憑依だと気づけません。しかし放っておくと、だんだん攻撃的になって人格が変容していきます。魔物の憑依は、一般的な人霊の憑依と比べて、ちょっとわかりにくいところがあるのです。

このタイプの憑依の特徴として、憑くと目の輝きが増します。心なしか目が見開いたようになり、きらきらと輝くようになるのです。これは、次にお話しする1類の憑依にみられます。

5種類の宇宙由来のエネルギー体

私がリーディングする際に、よく出てくる魔物が5種類あります。5種類というのは、5体という意味ではなく、同じようなエネルギー傾向があるものを、5種類に分類したものです。

この分類は私の経験に基づくもので、世界中の魔物が5類に分類できるということではありません。実際に、隕石を使って浄化する際に、この5種類の隕石を使います。

1類の魔物　鉄隕石Aで浄化できます
2類の魔物　鉄隕石Bで浄化できます
3類の魔物　鉄隕石Cで浄化できます
4類の魔物　テクタイト類Dで浄化できます
5類の魔物　テクタイト類Eで浄化できます

具体的な隕石の名前は伏せさせていただきます。というのも、除霊はたいへん危険なので、本で公開することによって、見よう見まねで真似をする人が出ては危ないからです。

お気づきになりましたでしょうか。1類も2類も3類も魔物を浄化するのは鉄隕石です。鉄隕石は惑星の核の部分で、核の名称のとおり、星の本質であり、魂の在処なのです。

4類5類の魔物を浄化するテクタイト類とは、隕石が爆発を起こしたときにできるガラス質の物質です。爆発を起こした隕石が鉄隕石だったのでしょう、これらのテクタイト類には、鉄隕石のエネルギーが含まれているのです。

隕石の故郷

では、これらの5類の隕石の故郷はどこでしょうか。

隕石の母天体は小惑星です。太陽系の中には無数の小惑星が存在しますが、特にかたまって存在する場所があります。その中でも特に大きいものが、次の3つです。

1 火星と木星の間の小惑星帯（メインベルト）
2 冥王星の外側にあるエッジワース・カイパーベルト
3 太陽系の外縁にあるオールトの雲

鉄隕石とは、小惑星が分裂してできたものです。ちなみに、すべての小惑星が、鉄でできた核を持っているわけではありません。鉄の核を持たず、岩石のみで形成されている小惑星もあります。たとえば、ベスタという小惑星には鉄の核がありますが、同じ小惑星帯にあるケレスは氷と岩石でできており、核がありません。ベスタのような核のある小惑星が鉄隕石の母天体なのです。

核を持つ小惑星がどのように形成されたかというと、惑星が衝突によって破壊され、分化して小惑星になったといわれています。つまり、鉄隕石は、地球のような惑星の核の部分が分裂したものなのです。

では、5種類の隕石がどこからきたのかみてみましょう。小惑星帯、カイパーベルト、オールトの雲のエネルギーをリーディングして、５つの隕石とエネルギーの質が似ているものを特定しました。

１ 小惑星帯（メテオライトベルト） 鉄隕石１類の故郷

火星と木星の間に小惑星が大量にある地帯があります。鉄隕石１類のエネルギーと一致するので、鉄隕石１類の一部はここからやってきたといえます。

２ エッジワース・カイパーベルト 鉄隕石１類の故郷

冥王星の外側にある小惑星帯です。ここも、鉄隕石１類のエネルギーと一致するので、小惑星帯と並んで１類の故郷です。

詳細に分類すると、鉄隕石１類は13種族に分類できます。そうした場合、小惑星帯とカイパーベルトでは同じ１類でも種族の分布が違ってきますが、それはまた別の機会にお話しします。

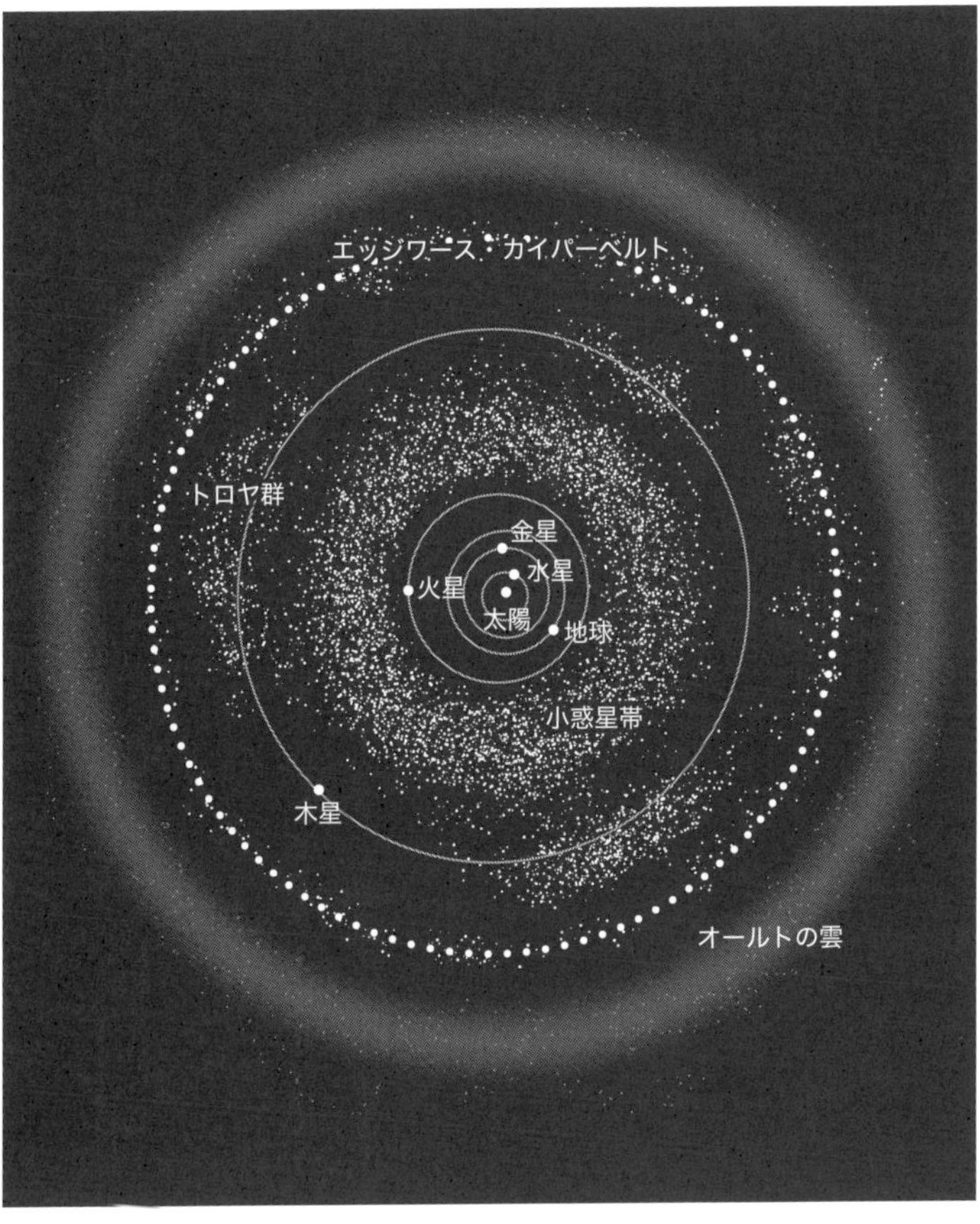

注：実際の距離感とは違っています。

3 オールトの雲　鉄隕石1類と3類の故郷

太陽系の外周に存在する小惑星帯です。鉄隕石1類と3類のエネルギーと一致します。1類に関してはカイパーベルトや小惑星帯に比べて希薄なので、それほど多くないようです。3類は、オールトの雲以外にも、アテン群小惑星と一致します。アテン群小惑星とは、太陽系の地球より内側を周回する小惑星です。

4 太陽系外由来　鉄隕石2類3類　テクタイト系隕石4類と5類の故郷

オールトの雲を過ぎると、そこは太陽系の外です。1類以外のすべての隕石のエネルギーはここと一致します。つまり1類以外はすべて太陽系外からやってきた隕石なのです。

ややこしいですか？　さらに詳しく解説しますね。

【1類の鉄隕石】

1類の鉄隕石は太陽系内由来の隕石です。小惑星帯も、カイパーベルトも、オールトの雲もすべて太陽系内です。外縁にあるオールトの雲には少なく、小惑星帯とカイパーベルトに多いところから、太陽系の中心部に多くみられる隕石といえるでしょう。地球に落ちてくる隕石の多くがこれに当たります。

近年落ちてきた火球の多くも、1類の隕石です。2013年にロシアに墜落したチェリアビンスク隕石も1類ですが、これはマイナス波動です。

ちなみに、隕石の中には、地球の引力にとらえられて、地球の周囲を周回しているものがあります。それが、何かの拍子で落下してくることがあるので、よく似た隕石が、離れた場所、離れた時代に落ちてくることがあるのです。

世界中の神話で、堕天使や地上に降りてきた天女のような話があるのは、こうした現象をいっているのかもしれません。

【2類の鉄隕石】

この隕石の由来は太陽系外です。太陽系外のどこかは特定できませんが、似たようなエネルギーを持つものとして、こと座（リラ）のベガ（織姫星）星系があげられます。恒星ベガには、太陽系によく似た惑星系が形成されているといわれているのです。

2類の隕石のエネルギーは太陽系の主・太陽にも似ています。それが何を意味するのかは、この本の趣旨からそれるので、別の機会に述べさせていただきますね。

【3類の鉄隕石】

太陽系外が起源ですが、オールトの雲にも存在します。オールトの雲近辺でクラッシュして、その一部が太陽系中心部に飛来したのかもしれません。クラッシュした隕石の一部は、太陽近辺まで飛んできて、現在も太陽の周囲を周回しているようです。太陽近辺にはアテン群という小惑星グループがあり、そこのエネルギーとも一致しています。

【4類のテクタイト類】

太陽系外の由来です。この隕石のビジョンをみた方に、よく北斗七星が出てきていたので、プレアディス（北斗七星）星団由来かもしれません。

【5類のテクタイト類】

太陽系外の由来です。オールトの雲にも存在しています。

月・火星由来の隕石

近隣の月や火星から直接隕石が飛来することがあります。

どちらも太陽系内の惑星なので、1類のエネルギーですが、どちらの隕石もマイナス波動なので、身につけるのには適しません。

月は、木星の軌道にあるトロヤ群の小惑星ともエネルギーが似ています。ひょっとしたら、テイアはここから移動してきて地球に衝突したのか、もしくは一つの惑星が、テイアとトロヤ群に分裂したのかもしれません。

そういえば、火星由来らしきの隕石のビジョンが出てきたことがあります。

惑星の表面で大爆発が起こります。宇宙空間からもみえるような大爆発です。そこから隕石が飛び出して、直接地球にまで飛来したのです。

よくみると隕石に何かが捕まっていて、まるで烏天狗《からすてんぐ》のような姿をしています。隕石は海に落ましたが、軽石のようにぷかぷか浮いていて、その上にさっきの烏天狗がいます。

やがて、海は陸地になり、隕石のまわりにはたくさんの烏天狗がいます。そのうち隕石には縄が張られ、祠ができ、ついには神社までできます。宇宙からおちてきた石がご神体になったようです。

空から落ちてきた女神と違って、烏天狗は隕石にくっついてやってきたので、隕石そのものではありません。火星由来のエネルギー体が隕石に乗ってやってきたのです。


ビジョンとは一種の象徴言語で、潜在意識が感知したことを映像で示しています。その映像は何を象徴しているのかを、丁寧に解析しなければなりません。

烏天狗という映像は何を意味するのでしょうか?

烏天狗は、古代メソポタミアの風の神パズズとの関連性がいわれています。パズズはエクソシストという映画の悪魔のモデルです。日本でも長年天狗は魔の使いとされてきました。どちらも魔的なイメージです。火星の石を扱うのは、慎重であるべきなのです。

◆コラム7◆
崖の上のポニョとグランマンマーレは何者なのか？

宮崎駿監督の人気アニメに、2008年公開の映画「崖の上のポニョ」があります。その当時、「空から落ちてきた女神」のビジョンをみた方が、突然「私のみたビジョンとそっくりな映画を観たの！　気味が悪い！」と来られたのです。「空から落ちてきた女神」のビジョンをみたのは、ポニョの公開よりも以前のことです。「宮崎駿も同じようなビジョンをみたのでしょうか？」芸術家は無意識にビジョンを受け取って、それを芸術作品にすることがあるので、ひょっとしたらそうかもしれません。

どこが似ているかというと、海の中に巨大な女神がいて（ポニョのお母さん、グランマンマーレ）、人魚がそのお使い（娘のポニョ）というところです。

違うところもありました。ポニョには、人間の父フジモトがいて、まったく大きさの違う巨大な女神と結婚してできた子どもが、人魚のポニョであるところです。つまり、人魚に人間の父と、女神の母がいるのです。

ポニョのお母さんグランマンマーレは、アニメの中で中近東の美女のようないでたちなので、手がかりを得るために、古代メソポタミアの神話を探索してみました。似たような逸話がありました！　メソポタミア神話の「イシュタルの聖婚」です。古代メソポタミア地域では、王は女神と結婚して王権を確固たるものとする風習がありました。当時の王権は宗教的な力の裏づけが必要だったので、王は女神の配偶者とされていたのです。

ここで問題が生じます。肉体を持った生身の人間が冥界にいる女神と結婚することはできません。結婚するためには、女神のいる冥界に赴かなければならず、それはすなわち死を意味します。

王様が死んでは困りますよね。古代の風習では、そういうときは身代わりの生贄《いけにえ》を差し出すのです。身代わりとされた男性は、1年間贅沢三昧の暮らしをさせてもらい、その後、生贄として女神に捧げられました。

ポニョの父フジモトは、そういう生贄の男性なのでしょうか？

フジモトは魔法使いという設定です。魔法使いが、魔法を使えるようになるためには、神や魔物と契約する必要があります。おそらく女神グランマンマーレは魔法使いフジモトが契約した神なのでしょう。

宮崎駿の前作「ハウルの動く城」でも、魔法使いハウルは悪魔カルシファーと契約しているので、宮崎アニメ的解釈はこちらですよね。監督は、こうした神話をよくご存じで、芸術的インスピレーションの肥やしにしているようです。

契約したものは魔力を得る代わりに、死んだあと女神の一部になるといわれています。フジモトも女神の一部になって海にいるのかもしれませんね。

では、ポニョの母グランマンマーレは「空から落ちてきた女神」なのでしょうか？空から落ちてきた女神は、４類のテクタイト類の隕石でした。古代メソポタミアの大地母神（グランマンマーレとは海の大地母神という意味です）に当たる女神は、１類の隕石のエネルギーをもっています。古代シュメールの神々の多くは、１類のエネルギーを持っているのです。

とはいってもすべてではありません。他の種類の隕石も、神として祀られていますが、メインストリームは１類なのです。補足ながら、イシュタルは海の大地母神ではないので、グランマンマーレとは別の女神です。

一言で海の女神といっても、いろいろ種類があるようです。空から落ちてきた女神とグランマンマーレは、どちらも宇宙からやってきたものの、違った星からやってきた女神なのです。

このアニメで、もう一つの共通点は津波です。ポニョの母の女神が陸にやってくると、大津波になりました。空から落ちてきた女神でも、空に帰りたい女神が外に出ようとしてジャンプすると海底が振動するのです。

神々のエネルギーは強大で、ちょっとした動きも人間にとっては大災害になります。けれどもそんな人間側の都合など、女神は気にはしていません。人間が道を歩くとき、虫を踏まないように気をつけることがないように、人間という微小な生き物の都合など、いちいち気にしてはいないようでした。

彼女が特に「気味が悪い」といったのは、ポニョに描かれていた津波の予感だったのです。そして、図らずも、それから数年後、東日本大震災が起きてしまったのです。

去年の暮れあたりから、空から落ちてきた女神のエネルギーを強く感じるようになりました。地震と津波に気をつけるべきかもしれません。

おわりに

『人生を浄化する　パワーストーンと隕石の真実』、いかがだったでしょうか。チャクラを整えるのは、比較的簡単ですが、石による浄化の話は複雑だったかもしれません。ここで、ざっくりと復習をしておきましょう。

◆石には二つの効果がある

一つはチャクラを整えること。もう一つは、エネルギーを浄化することです。

浄化には3種類あります。

1気の汚れ、一般的な意味での邪気の浄化

2人霊の浄化、いわゆる除霊

3妖怪・魔物・悪魔、いわゆる人外魔境の類の浄化

皆さんがパワーストーンで浄化する場合は、1を想定してください、このレベルであれば、ある程度波動がわかれば、比較的、誰でもできるようになります。マユリのペンジュラム・ダウジング講座だと初級終了程度のリーディング力があれば大丈夫です。2、3は上級相当のリーディング力を要します。

いきなり2や3の浄化にチャレンジせず、まずはチャクラを整えて一般的な邪気を浄化することを心がけてください。

それだけで、あなたの健康状態や、メンタルは見違えるように整います。

◆パワーストーンを正しく扱うにはリーディング力が必須

人霊や妖魔を浄化するには、それらを認識できるだけのリーディング力が必要です。除霊には、「どんな」霊体がその人のエネルギーの「どこに」いるのかわからなければなりません。ただ漠然と浄化の石を持っても、本来の効果が出ないのです。

パワーストーンを自在に使いこなすには、高度なリーディング力が必要です。マユリのダウジング講座では上級に当たる内容ですが、ぜひチャレンジしてくださいね。

◆パワーストーンの本当の効力を体感してほしい

隕石も含むパワーストーンは、我々の想定を超えるような未知のエネルギーを秘めています。けれども、残念なことに、その本領はまだまだ知られていません。この本でお伝えした内容は、すべて私の実体験からきています。初めて聞いたことや、にわかに信じがたいことも含まれていたかもしれません。特に隕石に関しては、まだ謎の部分が多く、驚かれたことも多かったのではないでしょうか。

本書の目的は、私が20年のセッションで実践的に学んだことを皆様にお伝えすることです。少しでも、読者と周囲の皆様の、現実の生活でお役に立てれば幸いです。うまく伝わりましたでしょうか。また、文字では伝えきれない実践的な内容については、ぜひ直接講座でお伝えできればと思います。パワーストーンを正しく扱える人が一人でも増えて、パワーストーンの本当のすごさを理解し、世のため、人のために、貢献してくれる人材が育つことを、心から願っています。

マユリ

で実践的に、波動を感知できるようになります。本当にエネルギーの良い商品が選べるようになって、自分や家族の健康に役立ちます。

[中級　計9回]

遠隔で、物や人、土地などのエネルギーをみる技術を学びます。買う前にエネルギーがわかるので、自分に合ったものを購入できるようになります。会社や旅行先など場所の波動もわかるようになります。

[上級　計9回]

本格的なサイキックリーディングを学びます。

チャクラだけでなく、気の流れやエネルギーブロックなど詳細にわかるようになります。霊的な影響もみていきます。

＊グループレッスンとプライベートレッスンがございます。

◆マユリのオリジナル・パワーストーンブレス

あなたのエネルギーを遠隔でリーディングして、効果的なヒーリングブレスをお作りします。チャクラだけでなく、エネルギーブロックや気の流れなどすべてみておつくりします。
＊複雑な問題に対応するブレスをご希望の場合は、サイキックリーディングをおすすめします。

◆マユリの遠隔セッション

[サイキックリーディング]

あなたやご家族のエネルギーをリーディングしてアドバイスします。必要に応じて、霊障、家や会社・土地、家系などもみます。ご希望の方はパワーストーンも作成いたします。

[エネルギー断捨離]

遠隔で、あなたの部屋や家をみて、邪気を発しているものを断捨離します。家のエネルギーが向上すると、ご自身や家族の健康が増進し、気持ちも前向きになります。

＊詳細はＨＰをご覧ください（最新の情報はＮＥＷ欄にございます）

【マユリの講座＆セッション（オンライン・対面）】

◆ヒーリング・パワーストーン作成講座

本当に効果の出るパワーストーンブレスを作成する講座です。お客様のチャクラをリーディングしながら、ブレスをつくっていく手順を、実践を通して学びます。

[理論編　3回]
パワーストーン作成に必要な理論を学びます。

[作成編　3回]
対面、遠隔でのチャクラの測り方や石のエネルギーの見方など、効果的なブレスを作るための実技を学びます。

[実習編　3回]
実際に自分や家族用のブレスを作成し、実習を通じて、腕を磨きます。
＊作成編以上の参加には、ペンジュラム・ダウジング講座・初級までの受講が必修になります。

[アドバンスクラス　計6回]
除霊用も含む本格的なパワーストーンブレスの作成を学びます。ペンジュラム・ダウジング講座・中級までの受講が必修になります。理論を交えながら、実習を通じて学んでいきます。
＊アドバンス終了の方には、認定パワーストーンセラピスト修了書を発行させていただきます。

[チャクラストーンヒーリング講座　2回]
本格的なクリスタルセラピーは、20個以上のパワーストーンを用いますが、ここでは7つのチャクラをストーンを使って、簡単に自分や家族のエネルギーを整える方法を学びます。
＊どなたでもご参加できます。

◆ペンジュラム・ダウジング講座（オンライン）

[入門　1回]
ダウジングを通じてサイキックリーディングのコツを学びます。すべての基礎になる重要なところです。

[初級　計3回]
アロマやパワーストーン、身のまわりの物をペンジュラムで測定します。身近なもの

マユリ

サイキックヒーラー。クリスタルセラピスト。「Heavenly Crystal」運営。20年にわたり、サイキックリーディングセッションに携わる。ペンジュラム・ダウジング講座、クリスタルセラピー講座、サイキックリーディング講座を開催し、日常生活に役立つ実用的なペンジュラム・ダウジングを多くの人に教授。本書では、「鉱物療法」としてのパワーストーンを、より強大なパワーを持つ隕石も含めて紹介。すべて自身の経験から得た知見をもとに、占いやお守りにとどまらないパワーストーンの真の力について解説。著者に『速習！　ペンジュラム』（小社刊）。

HP

https://heavenly-crystal.com/

Eメール：heavenly-crystal@nifty.com

ライン@

@130tocxx

※まれにメールが不着の場合があります。その際はラインでご連絡ください。

ブログ

https://ameblo.jp/heavenly-crystal/

人生を浄化する

パワーストーンと隕石の真実

2023年3月30日　初版第1刷発行

著　者　マユリ
発行者　東口 敏郎
発行所　株式会社ＢＡＢジャパン
〒151-0073 東京都渋谷区笹塚1-30-11 4F・5F
TEL: 03-3469-0135　FAX: 03-3469-0162
URL: http://www.bab.co.jp/　E-mail: shop@bab.co.jp
郵便振替00140-7-116767
印刷・製本　中央精版印刷株式会社

ISBN978-4-8142-0524-0 C2077

イラスト　佐藤 未摘
デザイン　大口 裕子